重庆市教育科学"十三五"规划 2018 年度重点课题"双创时代重庆市高校创新创业教育典型模式研究"（项目号：2018-GX-013）研究成果
四川外国语大学新文科歌乐书院"卓越涉外人才书院班"项目"新文科创新创业菁英书院班"项目成果

高校专创融合教育理论与实践研究

王　琥 ◎ 著

西南交通大学出版社
·成 都·

图书在版编目（CIP）数据

高校专创融合教育理论与实践研究 / 王琥著. -- 成都：西南交通大学出版社，2024.1
ISBN 978-7-5643-9723-4

Ⅰ. ①高… Ⅱ. ①王… Ⅲ. ①高等学校 – 创造教育 – 研究 – 中国 Ⅳ. ①G640

中国国家版本馆 CIP 数据核字（2024）第 008036 号

Gaoxiao Zhuanchuang Ronghe Jiaoyu Lilun yu Shijian Yanjiu
高校专创融合教育理论与实践研究

王　琥 / 著　　责任编辑 / 郭发仔
　　　　　　　　封面设计 / GT 工作室

西南交通大学出版社出版发行
（四川省成都市金牛区二环路北一段 111 号西南交通大学创新大厦 21 楼　610031）
营销部电话：028-87600564　　028-87600533
网址：http://www.xnjdcbs.com
印刷：成都蜀通印务有限责任公司

成品尺寸　170 mm × 230 mm
印张　11　　字数　209 千
版次　2024 年 1 月第 1 版　　印次　2024 年 1 月第 1 次

书号　ISBN 978-7-5643-9723-4
定价　58.00 元

图书如有印装质量问题　本社负责退换
版权所有　盗版必究　举报电话：028-87600562

前言 Perface

  创新创业教育是中国高等教育改革的突破口。在推进创新创业教育深化改革的过程中，如何实现专业教育与创新创业教育深度融合（简称"专创融合"）是热点和难点问题，也是学界关注的重点问题。从理论和实践上进一步推动高校专创融合教育改革，培养"专业+创新型"复合型人才，是国家实施创新驱动发展战略的需要，是推进高校人才培养模式改革的现实要求，同时也是深化创新创业教育改革、促进毕业生实现更好生涯发展的重要举措。为此，深入探讨研究高校双创教育改革的重点和难点问题——高校专创融合教育，无疑具有重要的理论和实践价值。

  《高校专创融合教育理论与实践研究》是笔者这些年来从事创新创业教育研究与实践、探索专业教育与创新创业教育融合改革所取得的成果之一，本研究得益于近年来笔者主持的校级虚拟教研室"新文科专创融合教育课程群虚拟教研室"的探索与实践推动，是校级新文科虚拟教研室培育的重要成果。本研究来源于重庆市教育科学"十三五"规划2018年度重点课题"双创时代重庆市高校创新创业教育典型模式研究"（项目号：2018-GX-013）研究成果，同时也是四川外国语大学新文科歌乐书院"卓越涉外人才书院班"首期项目"新文科创新创业菁英书院班"教学研究与实践成果，是推进教育部全国高校创业金课、重庆市一流课程和重庆市课程思政示范课"创新创业导论"课以及重庆市课程思政示范课、重庆市一流课程"语言与文化"持续建设取得的成绩。

  《高校专创融合教育理论与实践研究》关注高校创新创业教育发展新阶段中的专业教育与创新创业教育融合发展的实际，以近年来重庆高校创新创业教育的典型经验和实践探索为研究对象，探讨专创融合教育的理论阐释与实践经验。全书分为理论篇和实践篇。理论篇包括第一章和第二章，是专创融合教育理论和一般规律探讨部分：第一章为导论，梳理了本研究的研究背景、主要研究内容、研究意义和价值，阐释了专创融合的内涵和基本特点；第二章为专创融合教育的宏观层面研究，以"双创"时代重庆市的创新创业典型示范高校为主要研究对象，揭示重庆高校创新创业教育存在的难点和问题，系统考察重庆高校创新创业教育的典型示范模式，从中找到经验与启示，从而把握高校创新创业教育的一般规律，探索构建具有推广价值和借鉴意义的重庆高校专创融合教育新模式。实践篇包括第三章到第六章，是专创融合教育理论的实践运用部分。实践篇以高校专创融合教育的典型示范个案为研究对象，根据影响专创融合教育中的关键要素——学校、专业、课程、教学实践、教师和学生等，分别以典型示范学校、典型示范专业（学院）模式、典型示范课程改革、典型示范课程教学范例、"双创"优秀教师和优秀学生为案例，从微观层面进一步考察和探究"双创"教育中专创融合的实践路径、典型经验和有益启示。这部分具体内容包括：重庆高校专创融合学校和专业教育模式研究，重庆高校典型示范课程教学改革经验研究，重庆高校专创融合教育典型示范课程教学案例分析，重庆高校专创融合教育优秀师生案例分析。

  本书旨在为高校教育工作者、研究人员和高校学生等创新创业教育相关的读者提供一个全面的视角，以理解和应对"四新"建设背景下高校创新创业教育发展中专业教育与创新创业教育深度融合的挑战和机遇。同时，也希望通过分享实践经验和典范案例，为推动高校创新创业教育的深入推进提供一定的参考和启示。

  本书在写作过程中，阅读参考了国内外学者的相关理论和研究成果，在此表示衷心的感谢。由于作者研究的主客观条件有限，加之高校专创融合教育的改革仍处于探索阶段，理论和实践也在逐渐发展当中，故书中难免有不足和疏漏之处，恳请各位专家和读者批评指正，不胜感激！

王　琥

2023 年于重庆四川外国语大学

第一章　专创融合教育导论 ·· 001
 第一节　研究背景与研究内容 ·· 002
 第二节　核心概念界定 ·· 006
 第三节　研究思路与研究方法 ·· 011

第二章　高校专创融合教育典型示范模式 ································ 015
 第一节　高校专创融合教育的现实与困境 ······························ 016
 第二节　高校专创融合教育典型示范模式研究 ························ 021
 第三节　基于工程教育理念下高校专创融合
     教育模式的建构 ·· 027

第三章　高校专创融合教育模式典型示范案例 ························· 031
 第一节　新文科高校专创融合教育模式的探索与实践 ··············· 032
 第二节　新文科高校中文类专业专创融合教育模式的
     探索与实践 ·· 039
 第三节　新文科理念下中文专业专创融合典型示范案例
     经验与启示 ·· 056

第四章　高校专创融合教育典型示范课程教学改革经验 ············· 059
 第一节　专创融合视域下"创新创业导论"课程教学
     改革探索与实践 ·· 060
 第二节　专创融合视域下"地名与文化"课程教学
     改革探索与实践 ·· 066
 第三节　专创融合视域下"新文科专创融合训练与实践"
     课程教学改革探索与实践 ······································· 072

第四节 课程思政视域下"大学生创业教育"
课程教学改革研究……………………………………078
第五节 课程思政视域下"语言与文化"课程教学改革研究……083
第六节 专创融合视域下"古代诗文选"课程教学
改革探索与实践……………………………………089

第五章 高校专创融合教育典型示范课程教学案例分析……………094
第一节 "创新创业导论"课程"创业精神与人生发展"
教学案例……………………………………………095
第二节 新文科创新创业菁英书院班
"创新创业精神与专业学习"教学案例………………099
第三节 "语言与文化"课程"赓续文化血脉，
传承地名非物质文化遗产"教学案例…………………105

第六章 高校专创融合教育优秀师生案例分析……………………113
第一节 专创融合教育教师案例……………………………114
第二节 专创融合教育优秀学生案例………………………144

主要参考文献……………………………………………………160
后　记……………………………………………………………168

第一章

专创融合教育导论

近年来，党和国家高度重视大学生创新创业教育工作，推进高校创新创业教育改革和发展。随着高校创新创业教育的深入发展，创新创业教育对于提高人才培养质量、推动大学生实现更高质量就业创业起到了显著作用。但作为一个具有开创性人才培养模式的改革，高校"双创"教育在推进过程中也存在一些亟待关注和解决的问题，如"双创"教育与专业教育相对脱节，缺乏紧密联系；创新创业课程教学与实践分离、课程挑战度低；"双创"教育的价值观引导亟待结合学生所学专业实际，突出育人本质等。在这些问题中，专业教育与双创教育的脱节是制约创新创业教育深化改革的关键问题。本章主要围绕高校开展专业教育与创新创业教育融合（简称"专创融合"教育）的研究背景、研究内容、研究价值，以及专创融合教育的含义、特点等方面展开探讨。

第一节 研究背景与研究内容

创新创业，是国家发展之根，是民族振兴之魂。近年来，党中央、国务院高度重视高校创新创业教育工作。自 2010 年以来，国务院和教育部先后颁行了关于推进创新创业教育的纲领性文件。尤其在 2015 年后，高校创新创业教育进入深化发展时期。在高校深化新工科、新医科、新农科、新文科等"四新"建设过程中，进一步研究创新创业教育中存在的问题和困境，显得极为紧迫和必要。尤其是目前高校创新创业教育进入纵深发展阶段，高校专业教育与创新创业教育融合成为主要关注和探索的新问题，进行专创融合教育，是新时代对国家发展、高校人才培养改革和大学生实现高质量就业的现实需要。

一、研究背景

（一）国家创新驱动发展战略对创新型人才培养的要求

当前，我国正处在经济转型的关键期，国家高度重视创新驱动发展战略，提出要大力推进创新创业教育。创新创业教育是激发学生创新精神、培养学生创业能力的重要途径。但是，单纯的创新创业教育还不足以支撑学生进行具有高附加值的创新与创业。必须与高校专业教育有效融合，让学生在专业学习的基础上接受创新创业教育，掌握行业前沿知识和技能，才能进行更高质量、更高层次的创新创业。专业教育与创新创业教育的深度融合，可以培养既具备扎实专业知识，又有强烈创新意识和创业能力的复合型人才。这正是国家经济转型所需要的人才类型。因此，专业教育与创新创业教育的融合是服务和支撑国家创新驱动发展战略的重要举措，是提高我国创新和创业的质量与效率的有效路径。

（二）推进高校人才培养改革的现实需要

当前，高校人才培养面临新的时代要求。传统的纯专业教育已难以满足经济社会对人才的需求，必须进行人才培养模式的改革与创新。将专业教育与创新创业教育进行有效融合，可以推动高校培养"专业型+创新型"的复合型人才。让学生在系统学习专业知识的同时，进一步学以致用，学习如何解决专业真实场景中的实际问题，养成开拓创新的意志品质，最终成长为既有扎实的专业基础，又具备创新精神、创业能力和实践经验的专创融合型人才。这类人才既能在专业领域内提供技能支持，又能根据市场需求进行创新创业实践，更好地适应经济社会多元化的需求。这样的人才培养模式改革，可以为国家经济转型和社会进步提供强大人才支撑。因此，专业教育和创新创业教育的融合是高校推进人才培养模式改革、培养高质量应用型人才的有效路径。

（三）大学生实现更高质量人生发展的现实需要

随着经济社会发展，大学生就业形式日益多元化。多元化的就业选择已成为许多大学生的就业新趋势。但是，大学生普遍缺乏系统的创业知识和创业经验，一旦选择创业，就易出现专业知识不足、创意淡薄、经营管理能力欠缺等问题，导致创业风险加大。

如果能够将创新创业教育与专业教育有效融合，让学生在学习专业知识的同时接受必要的创业教育和训练，不仅能够弥补学生创业过程中的专业盲区，提高其业务能力，而且还可以启发学生对专业知识的创新应用，激发其创业潜力。这将大大增强学生的专业领域创业能力，让更多的学生能够依托自己的专业知识成功创业，从而满足大学生多样化的就业需求。

因此，专业教育与创新创业教育的深度融合，关系到大学生能否顺应就业形态，是应对大学生就业需求变化的有效路径之一。

二、研究现状

近年来，高校"双创"教育改革成为热点和重点，"双创"教育的广泛开展对提高教育质量、促进学生成长成才发挥了重要作用。同时，也存在一些亟待解决的新问题："双创"教育与专业教育相对脱节，缺乏紧密联系；专创教学与实践分离、课程挑战度低；"双创"教育的价值观引导亟待结合学生专业实际，突出教育本质等。在这些问题中，专业教育与"双创"教育的脱节是制约"双创"教育深化改革的关键问题。

围绕如何建立有效的教育体系（模式），推进专创融合教育相关研究主要有以下特点。第一，按高校类别进行研究。如宋之帅（2014）结合工科高校的具体实际，分析创新创业教育的组织模式、运行机制和协同机制，提出适合工科高校的"五位一体"创新创业教育体系；刘荣（2017）以美术类院校创新创业教育与专业教育融合为研究对象，通过调研和研究，提出从外部政策与社会舆论环境、内部体系、运行模式、运行机制四个维度来构建符合美术院校特点的创新创业教育体系。第二，以典型高校为个案进行研究。如胡燕琴（2020）以深圳大学等高校为个案，探索创新创业教育与专业教育融合的路径，指出应从创新创业教育的理念定位、课程体系建设、师资队伍建设、多样化评价等四方面推进专创教育深度融合；商慧（2017）以南京财经大学为例，从教育目标、教学过程、服务支撑和评价机制等四方面提出了构建创新创业教育体系的设想。第三，按专业类别进行研究。如胡斌彬（2021）以华侨大学汉语言专业为例，探讨了中文类专业创新创业教育体系改革，认为在中文专业教学改革中应将"双创"教育、文化传承教育融入中文类专业培养方案，推进专业课堂教学改革，强化实践教育，开展富有特色的第二课堂活动，并制定师生激励措施。徐雪梅（2018）调查研究了内蒙古师范大学中文专业研究生培养模式中创新意识培养的现状，通过研究给出四方面的建议：加快构建创新创业教育模式；促进"双创"教育与专业教育的融合；推进"双创"优质课程建设；加强方法论学习和训练，建立健全考核机制。

总体来说，以上研究多集中在广谱式创新创业教育阶段，专门针对专创融合教育的研究较少，即使对创新创业教育部分有所涉及，也多是从整体大方向的层面谈专创融合教，从微观层面关注课程、教师等方面的专创融合研究成果较少。为此，在高校"四新"建设背景下，有必要从宏观和微观层面推进专创融合教育的理论和实践研究。

三、研究对象与主要内容

根据以上研究背景和研究现状，笔者提出了本书的研究主题：高校专业教育与创新创业教育融合的理论阐释与实践应用的经验总结。紧密围绕这一研究主题，本研究的主要内容如下。

（一）高校专创融合的理论阐释

一是梳理了本研究的研究背景、主要研究内容、研究意义，探讨阐释了专创融合教育的概念、内涵、特点和基本原则，对高校专创融合教育的理论基础予以阐述。

二是以重庆市高校创新创业典型示范校为主要研究对象，研究创新创业教育尤其是专创融合教育的现状，揭示重庆高校创新创业教育存在的难点问题，考察重庆高校创新创业教育的典型模式，阐释、总结高校创新创业教育的一般规律。

三是结合高校专创融合教育实际，以工程教育理念为指导，围绕专创融合教育的目标，尝试构建专创融合教育的一般模式。

（二）高校专创融合的实践应用

本部分着重系统探索专创融合的实践应用经验，分别从学校、专业、课程、教学案例、教师和学生等六个与专创融合教育密切相关的重要维度总结和探讨如何从实践应用层面推进专创融合教育。

一是从学校和专业开展专创融合教育的角度，阐释新文科高校专创融合教育的典型经验和四川外国语大学中文学院专创融合教育的实践探索。

二是从专创融合系列课程建设角度，以国家级创业金课"创新创业导论"、重庆市一流课程"语言与文化"、重庆市新文科高校建设特色项目——四川外国语大学新文科歌乐书院班课程等典型优质课程为例，探讨了专创融合视角下创新创业系列课程的教学改革，同时阐释了专创融合课堂的典型教学示范案例。

三是以高水平"双创"竞赛的获奖项目为例，探讨了典型"双创"项目的特点和成长规律。

四是以创新创业教育中的优秀教师和优秀学生为个案，阐述了教师和学生在专创融合教育中发挥的作用，从微观层面探讨如何切实推进高校专创融合教育。

四、研究意义与应用价值

（一）丰富高校教育教学改革理论

当前，高校培养模式的改革一直是学界关注的重点和难点，专创融合教育也是高校人才培养模式改革的重要组成部分。探索专业与创新创业教育有机融合，能够丰富高校教育教学改革理论，为高校人才培养模式改革提供理论与实践参考。这种融合可以帮助我们更好地理解和应用教育理论，为我们提供一个全新的视角来看待和解决教育问题。通过这种方式，我们可以发现新的教学方法和策略，从而提高教学质量和效果。

（二）破解创新创业教育中专创融合的瓶颈问题

专业教育与创新创业教育的深度融合是推动创新创业教育发展的关键。这种融合可以帮助我们找到破解创新创业教育发展瓶颈的方法。通过将创新创业教育融入专业教育全程，我们可以更好地培养学生的创新思维和实践能力，从而提高他们的就业竞争力。同时，也有助于我们更好地理解和应用专业知识，提高我们的专业素养。

（三）推进高校人才培养范式的转变，培养高素质复合型应用人才

在当前这个知识经济时代，社会对人才的需求日益多元化和复杂化。因此，高校需要转变人才培养范式，培养具有创新精神和实践能力的复合型应用人才。专业教育与创新创业教育的深度融合正是实现这一目标的有效途径。通过这种方式，我们不仅可以给学生提供更广阔的知识视野和更丰富的学习资源，还可以帮助他们建立正确的职业观念和价值观，从而使他们能够在未来的职业生涯中取得成功。

总之，高校专业教育与创新创业教育融合对于推动高校改革、破解创新创业教育发展瓶颈以及培养复合型应用人才具有重要意义。这种融合不仅可以推动高校自身的改革，提升其在社会中的影响力和竞争力，还可以为社会输送更多具备创新精神和实践能力的高素质人才。因此，进一步加强高校专创融合教育的理论与实践研究很有必要。

第二节 核心概念界定

一、高校专业教育

（一）高校专业教育的含义

高校专业教育是高等学校为适应社会发展，针对特定行业、领域的人才需求，有计划、有组织地对学生进行系统化的知识传授和技能训练的教育，目的是培养学生在该专业领域的知识结构和解决实际问题的能力。

（二）高校专业教育的主要特征

第一，具有明确的人才培养目标。高校专业教育以培养什么类型的专业人才为目标，决定了专业设置和课程体系构建。专业不同，目标也不同，如工科强调技能，理科强调科研创新等。

第二，知识体系完整系统。每个专业都有明确的知识框架，课程设置需围绕该框架展开。学生需要掌握系统而完整的专业知识。

第三，学习内容理论与实践相结合。专业教育既包括理论知识学习，也强调实验、实训等实践教学环节，理论联系实际。

第四，专业技能训练突出。各专业都会设置专门的技能训练课程或实习环节，培养学生专业所需的实际操作技能。

总之，高校专业教育是以培养学生系统掌握专业知识、技能为目标，有计划进行的知识传授和技能训练，目的是培养学生的专业知识结构和专业能力，使之成为行业所需的专门人才。

二、高校创新创业教育

（一）创新创业教育的含义

创新创业教育是一个全新的综合概念，学术界对这一概念的理解多有争论，比较有代表性的观点有：认为它和创新教育或创业教育的概念一样；认为它是创新教育和创业教育两者的综合；也有人认为它是一种全新的教育理念和模式。我们认为，大学生创新创业教育是以全体大学生为教育对象，培养大学生的创新思维、创业精神和创业实践能力，以理论课程教学与实践活动指导相结合为主要载体，以灵活多样的教学方法开展教学活动，以发展大学生的综合素质为目标，培养大学生的创新思维能力和创业精神素质，培养未来从事创新创业实践活动所必备的意识、人格、知识、思维、能力的素质教育。它是一种新型教育理念和模式，适应经济社会和国家发展战略的需要。这种教育模式的目标是全面提升学生的社会责任感、创新精神、创业意识和创业能力，同时注重改革人才培养模式和课程体系。

（二）创新创业教育的特征

第一，创新创业教育面向全体学生开展，同时关注学生的个性化学习需求。这种教育模式认识到每个学生都是独一无二的，他们有自己独特的兴趣、才能和潜力。因此，教育应该尊重学生的个性，鼓励他们按照自己的兴趣和才能去学习和发展。

第二，创新创业教育是一种实践教育。它倡导实现价值创造，强调"创新"和"创业"的实质是突出"实践"。这种教育模式认为，只有通过实践，学生才能真正理解和掌握知识，才能培养解决问题的能力和创新思维。

第三，创新创业教育应与专业教育相结合。这种教育模式认为专业教育是创新创业教育的前提与基础。因此，它提倡在专业教育基础上开展创新创业教育，将其融入人才培养全程。这样可以确保学生在掌握专业知识的同时，也能培养出创新思维和创业能力。

第四，创新创业教育的最终目标是培养学生创事业、创未来的能力和相应的精神特质。这种教育模式认为，教育不仅要传授知识，还要培养人。因此，它强调培养学生的综合素质，包括专业能力、创新实践能力、团队合作能力、领导力等。

总的来说，创新创业教育是一种全新的教育理念和模式。它结合了高等教育发展的最新方向和对人才培养的最新要求，包括学生价值塑造、专业能力培养、创新实践能力训练等全面综合的内容。这种教育模式旨在通过提升人才培养质量，为社会提供更多具有创新精神和坚忍意志的优秀人才。

在高等学校中大力推进创新创业教育，对于促进高等教育科学发展、深化教育教学改革、提高人才培养质量，具有重大的现实意义和长远的战略意义。[1]

三、高校创新创业教育模式

（一）高校创新创业教育模式的内涵

创新创业教育模式相当于创新创业教育的方法论，是实现高校创新创业教育培养目标的理论基础和方法路径的综合。关于高校创新创业教育模式的概念目前还没有完全统一的标准。参照已有相关研究和结合本研究实际，我们认为创新创业教育模式是一种全面而深入的方法体系，具体包括创新创业教育顶层设计、创新创业教育课程、创新创业教育师资建设、创新创业教育实践教学体系，创新创业教育保障机制等方面。

（二）高校创新创业教育模式的特点

创新创业教育模式是一种新型教育模式，在高等教育中占据重要的地

---

[1] 教育部关于大力推进高等学校创新创业教育和大学生自主创业工作的意见[EB/OL]. http://www.moe.gov.cn/srcsite/A08/s5672/201005/t20100513_120174.html，2010-05-04.2010-05-13.

位。这种模式的特点主要体现在以下几个方面。

第一,系统化的顶层设计。创新创业教育模式强调从全局和战略的高度进行教育设计,确保教育活动的连贯性和一致性。这种顶层设计通常包括明确的教育目标、科学的课程体系、合理的教学组织形式等。

第二,丰富多样的课程。创新创业教育模式提供了丰富多样的课程,以满足不同学生的学习需求。这些课程旨在培养学生的创新思维和创业能力,包括创新理论、创业实践、项目管理等。

第三,专业化的师资队伍。创新创业教育模式需要一支专业化的师资队伍。这些教师不仅具有丰富的教学经验和深厚的专业知识,而且具有广阔的视野和前瞻性思维。

第四,灵活多样的教育路径与方法。创新创业教育模式注重个性化和差异化,允许学生根据自身的兴趣和目标选择适合自己的学习路径。同时,它也提供了多种教学方法,如案例分析、小组讨论、实地考察等,以激发学生的学习兴趣和积极性。

第五,完善的保障机制。为了确保创新创业教育模式的有效实施,需要建立一套完善的保障机制,包括科学的评价体系、健全的激励机制、有效的管理制度和创新创业文化氛围的建设等。

总之,高校创新创业教育模式是一种旨在培养具有社会责任感、积极进取精神和出色能力的人才的教育模式。它不仅关注学生当前的学习需求,而且着眼于他们未来在社会中发挥作用的能力。这种模式是提高人才培养质量、为社会提供更多具有创新精神和企业家精神的优秀人才的重要方法路径。

四、高校专创融合教育

(一)高校专创融合教育的含义

"高校专业教育与创新创业教育融合",简称"高校专创融合教育",是一种新型教育模式,是目前高校创新创业教育深化发展阶段重点关注和解决的难点与热点问题。它强调在高等教育中,将专业教育与创新创业教育有机结合,将创新创业教育有机融入人才培养全程,以培养学生基于专业所学的创新精神和实践能力。这种教育模式,是知识经济时代的需要,也是教育综合改革的要求,本质上是高校创新创业教育深化发展的新阶段。

专创融合教育的核心是"融合",是指将专业教育与创新创业教育相结合。专业教育主要是指在高等教育阶段,针对某一专业领域进行的系统性、深入的教学活动。它被认为是面向特定行业或领域的教育,是高等教育人才培养的基本载体,是连接社会需求和学校教学之间的基本纽带。而创新创业教育则是指通过一系列的课程设计和实践活动,培养学生的创新思维和创业能力。这种教育被誉为继学术性、职业性之后的第三本"教育护照"。这两者的融合,就是要在专业教育的基础上,有机融入创新创业教育的元素,使得学生在掌握专业知识的同时,也能培养出强烈的创新精神和高阶实践能力。

(二)高校专创融合教育的特点

第一,实践性强。专创融合教育强调实践,鼓励学生将所学知识应用于实际,通过实践活动提高自身的创新能力和实践运用技能。

第二,灵活度高。专创融合教育注重个性化和差异化,允许学生根据自身的兴趣和目标选择适合自己的学习路径。

第三,前瞻性明显。专创融合教育注重培养学生面向未来的思维方式和行为模式,使他们能够适应快速变化的社会环境。

更为重要的是,高校"专创融合"不只是一个理论概念,更是一种教育改革的实践行动。专业教育是创新创业教育的重要基础,离开专业教育谈创新创业教育是没有出路的。这样的创新创业教育无异于无源之水、无本之木,不仅不利于提升学生的创新素质和创业技能,还可能影响原有的专业教育发展质量。与此同时,创新创业教育是专业教育完善和提升的有效路径,对专业教育有明显的促进作用。专创融合教育能强化专业与产业之间的知识流动和知识创新,形成更高质量的创新创业产出,促进专业教育质量的提升,进而彰显创新创业教育的价值。

总之,"高校专业教育与创新创业教育融合"是一种富有前瞻性、实践性和灵活性的新型教育模式,有助于培养出既具备扎实专业知识,又具备强烈创新精神和创业能力的人才。

五、创新创业典型示范高校

"典型示范"是指在创新创业教育方面,尤其开展专创融合教育方面成效比较突出的高校。本研究提及的"典型示范"高校,主要是指重庆市获评全国创新创业典型经验校、全国深化创新创业教育改革示范校,以及重庆市立项建设的高水平新工科、新医科、新文科、新农科(简称"四新")建设高校。

创新创业典型校作为研究对象具有重要的意义,主要体现在以下几个方面。

第一,典型性。这些高校是全国创新创业教育的典型代表,他们在推进创新创业教育方面取得了显著的成就，具有代表性。通过研究这些典型校，我们可以深入了解和理解当前高校创新创业教育的实际情况和发展趋势。

第二，示范性。这些高校在创新创业教育方面的成功经验和做法，对其他高校具有很强的示范作用和借鉴价值。通过研究这些典型校，我们可以提炼出一些有效的教育策略和方法，为其他高校改革和提升创新创业教育提供参考。

第三，专创融合教育情况相对较好。这些高校在教育质量、教学资源、师资队伍等方面都处于较高水平，他们积极探索专业教育与创新创业教育的有机融合，打造了一批特色鲜明、质量优良的专业群和专业平台。他们以"四新"建设为契机，推动专业课程体系、教学内容、教学方法、教学手段等方面的改革和创新，培养了一批具有专业素养、创新精神和创业能力的人才。通过研究典型示范校，我们可以更好地理解和把握高质量专创融合教育的关键因素和成功要素。

第四，专创融合教育生态构建情况好。这部分高校注重营造良好的创新创业教育生态环境，构建了多元化、开放式、协同式的创新创业教育体系。他们加强了师资队伍建设，引进和培养了一批具有丰富实践经验和专业知识的创新创业导师；完善了政策支持机制，为学生提供了多种形式的资金、场地、技术等资源；拓展了社会合作网络，与各类企事业单位、社会组织、行业协会等建立了紧密的合作关系；丰富了活动载体，开展了一系列形式多样、内容丰富、层次分明的专创融合教育活动。

第三节 研究思路与研究方法

一、研究思路

本研究围绕高校专创融合教育模式的构成要素，从宏观和微观两个角度开展研究，分为理论研究部分和实践应用研究部分。

（一）理论部分的研究思路

这部分重点从宏观层面把握专创融合教育的规律和实际情况：第一步，摸清家底。调研考察重庆市高校同类专业专创融合教育体系现状，包括专创融合教育顶层设计、相关激励保障制度、专创融合教育具体举措和专创融合教育开展实效等方面情况。第二步，理清现状。对调研情况整理归类，清晰把握同类专业专创融合教育基本情况、存在问题和发展趋势。第三步，研究典型示范经验。深入研究专创融合示范高校同类专业教育情况，归纳分析可借鉴的教育经验。第四步，总结一般规律。结合调研情况和典型示范案例研究，探寻专创融合教育的一般规律。第五步，构建模式。尝试构建工程教育理念下专创融合教育模式。如图1-1所示。

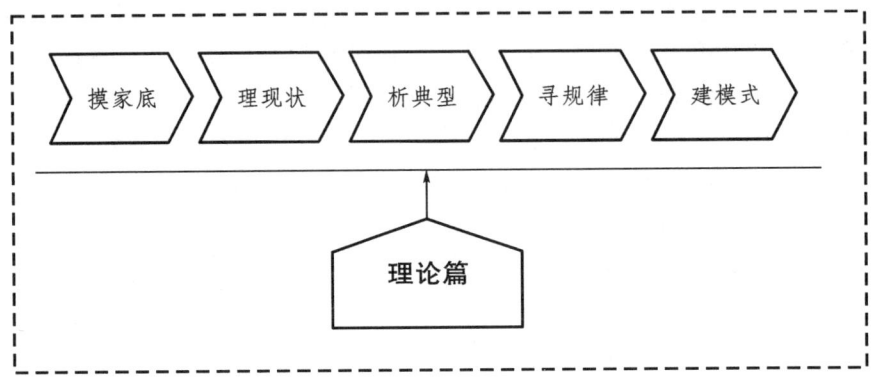

图1-1　理论篇研究思路

（二）实践部分的研究思路

这部分重点从微观层面，围绕专创融合教育组成的关键要素，如学校顶层设计、专业专创融合教育、专创融合课程、教学具体实践、优秀教师和学生等要素，探讨推进专创融合教育具体的方法路径。如图1-2所示。

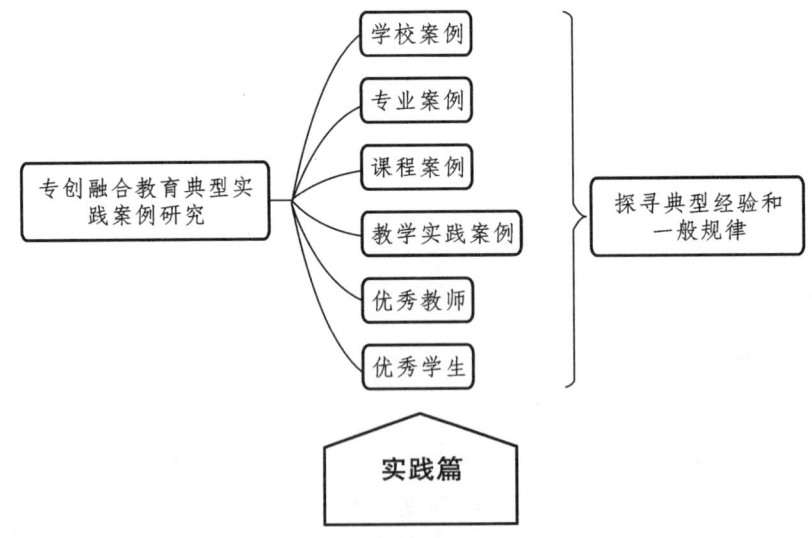

图1-2　实践篇研究思路

二、研究方法

第一，文献研究法。搜集、整理与创新创业典型经验校和深化创新创业教育改革示范校创新创业教育模式构建研究有关的学术论文、专著等；同时重点关注创新创业典型经验高校的成功范例，以创新创业典型校经验汇编总结作为研究的文本材料，全面了解创新创业教育的历史沿革、实施模式等。

第二，调查研究法。运用访谈、观察等方法深入了解重庆创新创业教育难点和典型模式现状，了解创新创业教育的实际情况和问题。

第三，数据统计法。整理调研数据，科学统计分析，得出初步调研结果。

第四，分析归纳法。在总结调研结果的基础上，运用分析归纳法，探索专创融合教育实施的一般规律和典型经验。在总结调研结果的基础上，运用理性分析和概括化方法，探索创新创业教育实施的一般规律和典型经验，为后续研究奠定基础。

第五，跨学科研究法。综合运用教育学、管理学、心理学、社会学等多个学科视角进行分析考察，开展多学科融合的专创融合教育研究，探索构建创新创业教育的新模式。

第六，个案研究法。以开展专创融合教育的典型学校、专业、课程、教师、学生为典型个案，探讨微观层面推进专创融合教育的具体举措。

三、创新点

本研究结合十四载"双创"教育实践，探索专业教育与创新创业教育融合的典型经验和一般规律，有以下创新之处。

（一）选题与视角创新

针对重庆高校创新创业教育典型模式的同类研究尚不多见，本研究从优秀典型中找寻一般规律，选题较新；同时将"双创"难点+典型经验相结合，探寻新模式，在研究视角上创新。

（二）思路与方法创新

"摸、理、析、寻、建"是适应本选题的独特设计。从宏观和微观层面研究专创融合教育方法路径，是本研究较为适合的研究思路。

（三）材料与结论创新

以重庆获评的全国创新创业典型经验校和全国深化创新创业教育改革示范校等创新创业教育典型示范高校、典型示范模式为主要研究对象，研究材料具有较强的示范性和权威性，数据来源清楚；将各高校中国国际"互联网+"大学生创新创业大赛等学科竞赛开展情况、创新创业教育与专业教育融合情况作为核心要素，纳入创新创业教育模式范畴进行调研，与创新创业研究前沿相契合，所得结论新颖可靠。

第二章

高校专创融合教育典型示范模式

第一节　高校专创融合教育的现实与困境

通过访谈和调研，经过系统总结和分析，我们认为创新创业教育进入新的发展阶段后，高校专创融合教育存在以下问题和困境。

一、对专创融合教育理念认知存在差距

思想理念是行动的先导，创新创业教育的内在本质和价值理念规定了其工作开展的价值导向。[①]专创融合是指将专业教育与创新创业教育有机结合起来，使两者相互渗透、相互促进、相互提升。专业教育是高校人才培养的基础和核心，旨在传授学生系统的学科知识和专业技能，培养学生具备从事相关领域工作的能力和素质。创新创业教育是高校人才培养的延伸和升华，旨在培养学生具有开拓性思维和实践能力，激发学生结合所学专业开启事业或志业的动力和勇气。专业教育与创新创业教育是高校人才培养的两个重要方面，各自有其侧重点和价值取向，但也应该相互融合和促进。一方面，专业教育为创新创业教育提供了坚实的知识基础和技能支撑，没有扎实的专业素养，就难以进行有效的创新活动和成功的创业实践。另一方面，创新创业教育为专业教育提供了动态的知识更新和应用转化，没有前瞻性的创新意识和实践能力，就难以适应社会发展和产业变革。

创新创业教育的内涵和目标是培养学生具有创新思维和创业能力，而不仅仅是引导学生创办企业或直接从事商业活动。然而，部分高校对于创新创业教育的认识局限于狭义的"创业教育"，忽视了广义的"创新教育"，将创新创业教育简单地等同于开办公司、办企业的实践，而不是培养学生结合所学专业开启事业或志业的实践。这种认知上的偏差导致创新创业教育与专业教育之间脱节，使得专业教育缺乏创新性，创新创业教育缺乏专业性。也正是这种对专创融合教育理念的认知，过分关注狭义的创新创业教育理念，导致对创新创业教育的重视度不够，没有真正制定把创新创业教育融入人才培养过程的人才培养顶层设计。所以，对专创融合教育的认知差异是推进专创融合教育面临的困境之一。

---

① 吴惠. 高校创新创业教育与专业教育融合共生的路径研究[D].常州大学，2021.

二、专创融合课程体系和教学模式需要进一步优化

高校专业教育与创业教育的融合是一项复杂的系统工程，不仅关注基于专业变革的"理念融通"，同时也注重基于专业发展的"实践赋能"。从根本上讲，高校"专创融合"的推进始终离不开课堂作为教育主渠道的作用，其落脚点在于正式课程与非正式课程的设计、组合以及实施。①尽管各高校已经形成了相对完整的专业课程体系，但这些课程体系难以满足人才培养目标由就业从业向创新创业转型的需要。这些问题都是专创融合课程改革亟待解决的现实问题。具体来说，主要表现在以下几个方面。

首先，现有课程"双创"教育多集中在通识课程，优质的专创融合型课程偏少。通识课程虽然可以提升学生的综合素质和视野，但往往缺乏针对性和深度，难以与学生的专业知识和技能相结合。而优质的专创融合型课程则可以将专业知识、创新思维和创业实践有机地融入教学过程中，使学生在掌握基础理论的同时，培养解决问题和应对挑战的能力。

其次，现有课程多集中在狭义创业教育领域，真正突出"双创"育人本质的课程较少。狭义的创业教育主要是指培养学生具备开办企业或自主就业的能力和意愿，而广义的"双创"教育则是指培养学生具备在各个领域和岗位上进行创新和创造的能力和意愿。后者更加符合当今社会对人才的需求和期待，也更加适应学生的多元化发展路径。

最后，教学方法和教学模式需要改变。传统的"双创"课程教学方法多以讲授为主，缺乏互动和实践。这种方法不利于激发学生的兴趣和动力，也不利于培养学生的创新思维和创业能力。因此，应该采用更加灵活和多样的教学方法，如案例分析、项目制、沙盘模拟、实验室实践、创业实训等，使学生能够在真实或模拟的情境中，体验和锻炼专创融合的过程和方法。同时，应该构建更加开放和协作的教学模式，如跨专业、跨学科、跨校区、跨地区、跨国界的合作交流，使学生能够在不同的环境和文化中，拓宽视野，增强竞争力和适应力。

三、专创融合师资建设需要加强

教师是推进专创融合教育的关键因素。但现有的专创融合师资建设相对滞后，主要存在以下问题。

---

① 刘文杰. 高校"专创融合"何以可能——基于二者本质特点与关系的分析[J]. 复旦教育论坛，2022，20（4）：67-73.

第一，在高校中同时具备专业素养和创新创业认知的教师并不多。一方面，部分专业教师缺乏创新创业意识和经验，难以将创新创业理念和方法融入专业教学中，也难以激发学生的创新创业兴趣和动力。另一方面，部分创新创业教师缺乏专业背景和深度，难以将专业知识和技能与创新创业项目相结合，也难以提供有效的指导和支持。

第二，跨学科团队合作不足，难以适应专创融合教育课堂教学的实际需要。专创融合教育要求教师能够跨越学科界限，与不同领域的教师进行协作，共同设计和实施基于问题或项目的教学活动。然而，目前高校中跨学科团队合作的机制和氛围还不完善，比较难以实现跨学科合作和协同育人。

第三，专职教师匮乏。专职教师是指专门从事专创融合教育的教师，他们既有丰富的专业知识和技能，又有深厚的创新创业理论和实践基础，能够在专业领域内开展多元化的创新创业项目，并为学生提供全方位的指导和服务。然而，目前高校专职从事创新创业或者专创融合教育教师的数量相对有限，真正善于将专业教育与创新创业教育深度有机融合于课堂的高水平教师相对稀缺。

四、专创融合型实践平台建设尚不完善

实践平台是指为学生提供实践机会和资源的载体和场所，包括实训平台、创业平台、校企合作平台等。实践平台是专创融合教育的重要组成部分，能够让学生将所学知识和技能运用到实际问题或项目中，培养学生的动手能力、协作能力、解决问题能力等。然而，目前高校在推进"专创融合"过程中，普遍存在着缺乏有效专创融合型实践平台的问题。这些问题严重制约了"专创融合"的深入推进，这些问题主要表现在以下几方面。

第一，高校实训平台和载体主要围绕课程、专业情境进行设计并组织实施，是相对单一、封闭和学生被动参与的能力训练系统。这种实训平台和载体往往缺乏创新创业元素，难以激发学生的创新思维和创业精神，也难以培养学生的创新创业能力。

第二，创新创业教育平台也是单独设立的。创新创业教育平台与专业实训平台融合度不够，两者相对独立。这样的创新创业平台往往缺乏专业支撑，缺乏与专业相匹配的特点，难以与专业课程和专业实训相衔接，也难以为学生提供专业化的创新创业指导和服务。

第三，校企合作建设力度还需要加大。校企合作是指高校与企业之间的合作关系，包括校企共建实践基地、校企联合培养人才、校企共享资源等。

校企合作能够为学生提供更多的实践机会和资源,让学生接触真实的市场需求和行业动态,培养学生的市场意识和职业素养。然而,目前高校与企业之间的合作还不够密切和深入,部分企业对高校的专创融合教育缺乏了解和支持,也缺乏有效的沟通和协调机制。

五、专业教育与创新创业教育的融合程度不够

从专创融合教育推进的实际成效来看,两者的融合度相对不够深入,主要表现在以下几方面。

第一,专业教育与"双创"教育在课程设置、实践教学等方面不协调。虽然许多高校已经开始尝试将创新创业教育融入专业教育中,但是这种融合往往只停留在表面,没有真正实现深度融合。一方面,专业教育过于注重理论知识的传授,忽视了实践环节的重要性,导致学生缺乏动手能力和创新意识。另一方面,"双创"教育过于注重实践操作的培训,忽视了理论知识的支撑,导致学生缺乏专业素养和理论指导。这样就造成了专业教育与"双创"教育之间的割裂和对立,而不是相互融合和补充。

第二,优秀的"双创"项目表现出来的专创融合度不够。虽然近年来高校出现了一些优秀的"双创"项目,但是仔细分析可以发现,这些项目往往是以技术为主导或以市场为导向的,而大部分项目没有完全体现出专业知识和技能的作用与价值。这就使得这些项目在竞争中容易遭遇到技术难题或市场风险,难以持续成长和发展。

六、学生对专创融合教育的重视不够和学习投入度不足

当前高校在推进专创融合教育过程中,存在学生重视不够和学习投入度不足的问题,主要表现在以下三个方面。

首先,学生对专创融合教育的认知不清晰,不了解其目标、内容、方法和价值,缺乏参与和利用专创融合教育的动力和意愿。

其次,学生对"双创"教育的兴趣不高,认为"双创"教育与自己的专业无关,不愿意尝试和参与创新创业实践。

最后,学生的学习投入度和坚持不够,面对专创融合教育的高要求和挑战,容易放弃或者敷衍,没有真正地深入学习和实践。

这些问题影响了专创融合教育的效果和质量,需要高校从多个层面进行改革和创新,提升学生的专创融合教育意识和能力。

七、创新创业课后指导机制亟待完善

创新创业课后指导机制是指高校在开展创新创业教育的同时，为学生提供有效的课后辅导和支持服务，帮助学生解决创新创业过程中遇到的问题，提升学生的创新创业能力和水平。因为专业与创新创业教育融合的相关学习任务对学生而言，是一项高阶性、挑战度高的学习活动，专创融合本身是一项实践性强的教学活动，所以有效的课后指导至关重要。然而，当前高校在推进创新创业课后指导机制建设过程中，存在一些不足和问题，主要表现在以下四个方面。

第一，指导师资队伍建设不足。高校缺乏专业的、有经验的、有影响力的创新创业指导教师，难以满足学生多样化、个性化的需求。部分指导教师缺乏实践经验和市场敏感度，难以为学生提供有效的指导和建议。

第二，课后指导机制欠缺。高校缺乏完善的课后指导管理制度和运行机制，难以形成有效的课后指导服务网络。部分高校课后指导工作缺乏规范和统一，难以保证指导质量和效果。

第三，指导资源配置不合理。高校缺乏充分利用校内外各类资源的意识和能力，难以为学生提供丰富多样的指导资源。部分高校课后指导资源分配不均衡，难以满足不同层次、不同阶段、不同领域的学生需求。

第四，指导效果评估不到位。高校缺乏科学合理的课后指导效果评估体系和方法，难以对课后指导工作进行有效的监督和反馈。部分高校课后指导效果评估过于单一和形式化，难以反映真实的指导效果和学生满意度。

八、创新创业教育的评价体系不完善

当前高校在推进专创融合教育过程中，存在评价体系不完善的问题，主要表现在以下三个方面。

第一，评价体系过于单一和片面。当前的评价体系主要以创新创业大赛的成绩和创新创业项目的数量为主，忽视了学生的创新精神和创业能力的培养。这种评价体系过于注重结果，忽视了过程，不能全面反映学生的专创融合教育水平和质量。

第二，评价体系缺乏科学性和导向性。当前的评价体系缺乏科学合理的指标体系和方法，不能有效地衡量专创融合教育的各个方面和层次。同时，评价体系缺乏明确的目标导向，不能有效地激励和引导学生、教师、学校等主体参与专创融合教育。

第三，评价体系缺乏激励机制和反馈机制。当前的评价体系缺乏对于教师投入"双创"教育的激励制度，不能有效地调动教师的积极性和主动性。同时，评价体系缺乏对于学生、教师、学校等主体的及时反馈，不能有效地监督和改进专创融合教育。

综上所述，高校专创融合教育是将专业教育与创新创业教育相结合的人才培养模式，旨在培养具有专业技能和综合素养的全面型人才。然而，在创新创业教育进入新的发展阶段的背景下，高校专创融合教育面临着一系列的问题与困境，主要包括：对专创融合教育理念认知存在差距，没有形成全员参与、全方位推进的共识和氛围，真正把专创融合作为人才培养的顶层设计；专创融合课程体系和教学模式需要进一步优化，没有充分体现专业特色和市场需求，没有充分发挥学生的主体性和创造性；专创融合师资建设需要加强，缺乏专业的、有经验的、有影响力的专创融合指导教师，缺乏有效的、持续的、多元化的师资培训机制；专创融合型实践平台建设尚不完善，缺乏完善的实践平台建设规划和管理制度，缺乏整合校内外各类资源的意识和能力；专业教育与创新创业教育的融合程度不够，出现了与专业教育相脱离的状况，削弱了专业教育对创新创业教育的支撑作用，也降低了创新创业教育对专业教育的促进作用；学生对专创融合教育的重视不够和学习投入度不足，缺乏对专创融合教育的认知和参与，对"双创"教育缺乏兴趣和热情，面对专创融合教育的高要求和挑战，容易放弃或者敷衍；创新创业课后指导机制亟待完善，缺乏专业的、有经验的、有影响力的创新创业指导教师，缺乏完善的课后指导管理制度和运行机制，缺乏科学合理的课后指导效果评估体系和方法；创新创业教育的评价体系不完善，过于单一和片面，缺乏科学性和导向性，缺乏激励机制和反馈机制。

这些问题与困境影响了专创融合教育的效果和质量，需要高校从多个层面进行改革和完善，推进专创融合教育。

第二节　高校专创融合教育典型示范模式研究

一、创新创业典型示范高校专创融合教育概述

专创融合教育是高校深化教育改革的重点，对高校创新创业教育模式的研究也不断增多。各高校高度重视创新创业教育，将创新创业教育改革作为深化高等教育综合改革的突破点，不断加大学生创造能力、创新意识和创业

技能的培养力度，有效提升学生的"双创"素养。2016年至2019年重庆创新创业典型经验高校有：重庆交通大学（2016年）、重庆文理学院（2016年）、四川美术学院（2017年）、重庆电子工程职业学院（2017年）、重庆科技学院（2018年）、重庆邮电大学（2018年）、重庆大学（2019年）[①]等七所高校。重庆深化创新创业改革示范高校有：重庆大学（第一批）、重庆邮电大学（第一批）、四川美术学院（第二批）、重庆科技学院（第二批）等四所高校。如图2-1所示。

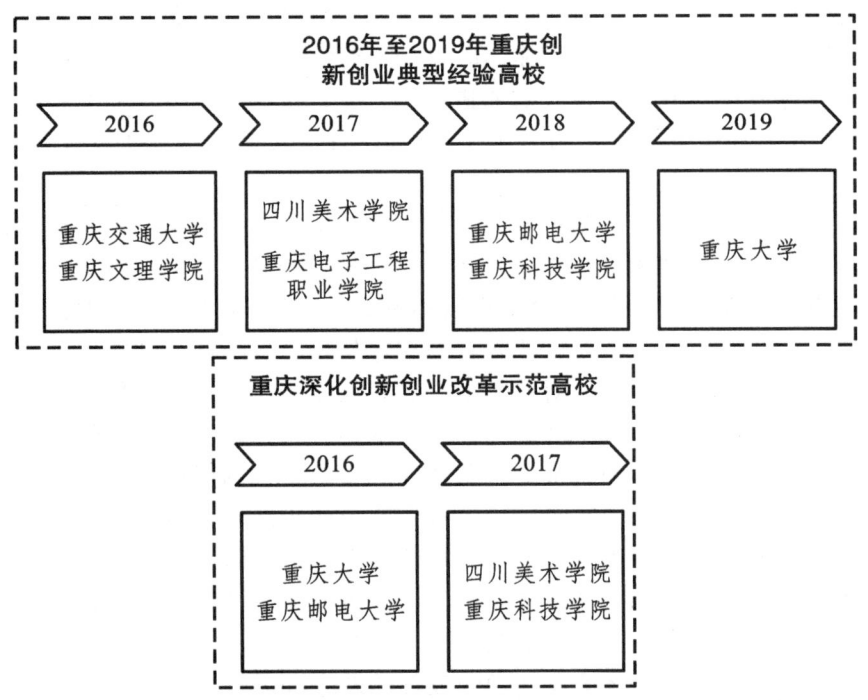

图2-1　重庆市创新创业典型经验高校和深化创新创业改革示范高校

通过文献调研和实地考察发现，重庆市"双创"示范院校和典型院校在开展创新创业教育方面形成了一些可资借鉴的普遍做法和典型经验。第一，积极优化"双创"教育顶层设计，充分结合学校学科优势，深化推进高校创新创业教育改革的步伐；将创新创业教育改革融入学校人才培养体系。第二，着力推进创新创业课程体系建设，推动创新创业教育和专业教育深度融合，建好"双创"基础，推进专创融合示范课，探索"双创"实训课建设，实现

---

① 全国创新创业典型经验高校评选截至2019年，全国深化创新创业改革示范校评选截至2017年。

课程体系的全覆盖。第三，强化创新创业教育师资建设，建立创新创业导师库，引进业界创新创业导师，探索学校和业界、多学科交融的创新创业师资体系建设。第四，构建创新创业教育实践教学模式，多元化搭建学生创新创业的实践平台，为学生"双创"实践提供场地保障。第五，大力推进校企合作、校地合作，推动产学研深度融合，促进科研成果转化和产业升级。第六，强化"双创"系列保障机制建设，为"双创"教育提供政策制度保障，营造积极的"双创"教育氛围。

二、创新创业典型示范高校主要做法与典型特征

基于对《2016 年度全国创新创业 50 所典型经验高校经验汇编》《2017 年度全国创新创业 50 所典型经验高校经验汇编》《2018 年度全国创新创业 50 所典型经验高校经验汇编》《2019 年度全国创新创业 50 所典型经验高校经验汇编》等案例文本素材的系统、深入分析和总结，结合典型示范高校专创融合教育最新进展情况，提炼出重庆高校创新创业教育的主要做法和经验，其典型特征集中表现在以下几个方面。

（一）顶层设计和制度保障

重庆市创新创业典型高校都强调顶层设计和制度保障的重要性。他们都将创新创业教育纳入学校的整体发展规划，并设立了专门的机构来统筹推进创新创业教育工作。此外，他们还制定了一系列的政策和措施来鼓励和支持学生进行创新创业活动，如设立创新基金、开设创新创业课程、建立创新创业导师库等。具体来说，他们主要做了以下几个方面的工作。

第一，建立健全领导机制。成立由校长或副校长任组长的创新创业教育领导小组，负责制定和实施学校的创新创业教育规划、政策、目标和任务。同时，成立由相关部门负责人组成的专门工作机构，负责协调和推动各项工作的落实。

第二，制定完善政策措施。学校层面制定并完善了支持大学生创新创业教育的一系列文件，明确了学校对创新创业教育的指导思想、目标任务、工作要求和保障措施。同时，设立专项资金，用于支持学生参加各类培训、竞赛、项目等活动。

第三，建立健全激励机制。通过设立奖学金、提供资金支持、给予学分认定等方式，鼓励和激励学生参与"双创"活动。同时，通过优化评价机制、改革考核方式等手段，激发学生的"双创"建设积极性。

（二）课程设置和人才培养

这些高校都注重课程设置和人才培养。他们不仅开设了一系列的创新创业课程，还构建了"通识课程+特色课程+专创融合课程+拓展课程"的课程体系，以培养学生的创新精神和创业意识。此外，他们还通过实践教学、竞赛活动等方式，提高学生的实践能力和综合素质。具体来说，他们主要做了以下几个方面的工作。

第一，开设多样化的专创融合类课程。针对不同层次、不同阶段、不同类型的学生需求，开设了基础性、专业性、拓展性的各类课程，包括面向所有专业的必修课，以及结合不同专业特点的选修课程。

第二，构建完善的课程体系（如图2-2所示）。以"通识课程+特色课程+专创融合课程+拓展课程"为主线，形成了由浅入深、由理论到实践、由基础到拓展的多层次、多维度的课程体系。同时，将创新创业教育和实践课程纳入必修课体系，学生可通过学科竞赛、科学研究、发明创造等多种方式获取学分。

创新创业教育典型示范高校课程体系建设

	课程体系	建设举措
重庆交通大学	构建"理论+实践+创新创业"课程体系	单独开设本科生必修课"创业基础"；开设"创新工程""创新性思维""21世纪制造与创新"等课程70余门，引进在线课程100余门
重庆文理学院	"通设+自设+网课"，建设递进式课程体系	面向全体学生开设"大学生创业基础"通识必修课程，将"创造发明学导论""素质拓展与团队精神"等4门课程作为通识选修课程开设
四川美术学院	构建意识普及、技能培训、精英提高三层级创新创业教育课程体系，实现创业教育专业化	开设职业生涯规划与创业基础必修课；针对性开设创业技能培训课程；专门开设一对一的创业专家课
重庆电子工程职业学院	构建创业课程与专业课程有机相融的"双课融通"模式	面向所有专业开设"大学生创新创业实战教程"公共必修课程，开设"企业运营与管理""风险评估""创新能力培训"等选修课程；面向不同专业开设相应技术前沿选修课
重庆邮电大学	构建思政教育、专业教育、创新创业教育融通的课程体系，形成完善的"N+1+X"就业创业课程体系	开设创新创业教育必修课；探索"双创"人才的"雁阵培养模式"，开设"双创"实验班；开设"创新创业案例分析"等核心课程，强化"双创"在线课程应用
重庆科技学院	构建"3553"创新创业教育体系，将创新创业教育融入人才培养全程	打造"创新创业基础"通识教育必修课程和2门专创融合必修课程；开设"创业管理学""大学生创业管理实务""创新方法""产品创新开发实践"等4门创新创业类通识教育选修课
重庆大学	积极构建全学制全过程贯通的"三课堂"培养体系	完善修订培养方案和学位标准，开设"创业管理""创业与企业发展""创新思维与创新实践"等通识课程和专业选修课，开展启发式、讨论式、参与式教学

图2-2 创新创业教育典型示范高校课程体系建设图

第三，实施有效的教学方法。采用案例教学、项目教学、团队教学、导师指导等多种教学方法，激发学生的主动性和积极性，培养学生的发现问题、分析问题、解决问题的能力。同时，利用网络平台、虚拟仿真等现代信息技术，拓展教学空间和时间，提高教学效率和质量。

（三）实践平台和竞赛活动

这些高校都重视实践平台和竞赛活动，建立了各种实践平台，如创新实验室、众创空间、实践基地等，为学生提供了丰富的实践机会。同时，这些高校还通过举办各种竞赛活动，如"互联网+"大赛、"挑战杯"竞赛等，激发学生的创新精神和竞争意识。具体来说，他们主要做了以下几个方面的工作。

第一，建设多元化的实践平台。依托校内外各类资源，建设一批具有特色和影响力的实践平台，如重庆大学建设了新工科教育科创平台；重庆邮电大学建设了专业实验室、虚拟仿真实验室、创业实验室、"1+N"众创空间为主体的实践教学平台；重庆科技学院围绕应用技术研发创新需要，着力构建综合服务、资源共享、项目合作等三大平台，为提升学生创新能力开辟"操练场"。

第二，举办多样化的竞赛活动。各典型示范高校以中国国际"互联网+"大学生创新创业大赛为核心，与各级各类大赛有机衔接、联动举行，形成了多层次、多领域、多形式的竞赛体系。如重庆市高校"互联网+"大赛、"挑战杯"竞赛、重庆市高校创新创业教育成果展示交流会等。这些竞赛活动不仅提高了学生的专业水平和创新能力，也增强了学生的团队协作和社会责任感。

第三，加强指导服务和评价反馈。建立了由校内外专家组成的导师团队，为学生提供一对一的指导服务。导师不仅在理论知识、技术方法、项目管理等方面给予指导，还在创业理念、市场分析、商业模式等方面给予启发。同时，建立了科学合理的评价体系和方法，对学生的实践成果进行有效的监督和反馈，并给予相应的奖励和支持。

（四）产学研结合和服务地方

这些高校都强调产学研结合和服务地方，积极与企业合作，推动产学研深度融合，促进科研成果转化和产业升级。同时，这些高校还积极服务地方经济社会发展，培养符合地方产业发展需要的高素质人才。具体来说，他们主要做了以下几个方面的工作。

第一，搭建产学研合作平台。与重庆市内外知名企业建立长期稳定的合作关系，共同开展科研项目、技术转移、人才培养等方面的合作。与重庆市各区县建立产学研基地，为学生提供实习实训、就业创业、社会服务等机会。

第二，推动科研成果转化。加强科研创新能力，申报并承担了一批国家级、省部级、市级的科研项目。加强科研成果保护和管理，申请并获得了一批国家专利和软件著作权。加强科研成果转化和应用，与企业合作，将科研成果转化为产品和服务，为企业提供技术支持和咨询服务。

第三，培养符合地方需求的人才。结合重庆市的产业特色和发展方向，开设了一批与地方产业相关的专业和课程。结合重庆市的创新创业环境和政策支持，培养了一批具有创新精神和创业能力的人才。结合重庆市的社会文化和民生需求，培养了一批具有社会责任感和公民意识的人才。

（五）加强"双创"师资建设

这些高校都注重"双创"师资建设。他们不仅有专门的教师团队负责开展全校的创新创业教育工作，而且还有一支由校内外专家组成的导师团队，为学生提供一对一的指导服务。此外，他们还通过各种方式（如讲座、研讨会等）提高教师的"双创"教育能力。具体来说，他们主要做了以下几个方面的工作。

第一，建立专业的教师团队。从各学院选派一批有经验、有水平、有影响力的教师，组成了创新创业教育教学团队，负责开设创新创业课程、组织实践活动、指导学生项目等工作。同时，还从校外引进了一批有资质、有背景、有资源的教师，组成了创新创业教育客座教授团队，负责分享经验、传授技能、提供资源等工作。

第二，建立优秀的导师团队。从校内外挑选一批有知识、有经验、有成就的专家，组成了创新创业教育导师团队，负责为学生提供一对一的指导服务。导师团队包括校内外各领域的专家学者、企业家、投资人等，能够为学生提供多角度、多层次、多维度的指导和支持。

第三，建立有效的培训机制。定期组织教师和导师参加各种形式的培训活动，如讲座、研讨会、考察交流等，提高他们的"双创"教育理论水平和实践能力。同时，鼓励教师和导师参与创新创业项目的实施和管理，增强他们的创新创业实践经验。

（六）加强双创激励保障制度建设

这些高校都有完善的"双创"激励保障制度，通过设立奖学金、提供资金支持、给予学分认定等方式鼓励和激励学生参与"双创"活动。同时，这些高校还通过优化评价机制、改革考核方式等手段激发学生的"双创"建设积极性。具体来说，他们主要做了以下几个方面的工作。

第一，设立奖学金和资金支持。为了表彰在创新创业教育中取得优异成绩的学生，设立"双创"奖学金，每年评选并颁发给一批优秀的创新创业项目和个人。为了支持学生开展创新创业活动，设立了创新创业资助基金，每年拨付一定金额，用于资助具有市场前景和社会价值的学生创新创业项目。

第二，给予学分认定和优先录取。为鼓励学生参与创新创业教育，将其纳入必修课体系，学生可通过参加各类培训、竞赛、项目等活动获取相应的学分。为了促进学生顺利就业或升学，对参与创新创业教育并取得优秀成绩的学生，在就业推荐或研究生招生中给予优先录取或加分。

第三，优化评价机制和考核方式。为了科学评价学生的创新创业能力和水平，建立了以过程评价为主、结果评价为辅的评价体系，综合考查学生在知识掌握、技能运用、项目实施等方面的表现。为了适应创新创业教育的特点，改革了传统的考试考核方式，采用案例分析、项目答辩、实践报告等多种考核方式，注重考查学生的分析能力和实践能力。

总的来说，重庆市创新创业典型高校在专业与创新创业教育融合方面的经验主要体现在顶层设计、制度保障、课程设置、人才培养、实践平台、竞赛活动、产学研结合、服务地方、"双创"师资建设和"双创"激励保障制度建设等方面。这些经验对于其他高校进行创新创业教育具有很好的借鉴作用，并为未来创新创业教育的发展提供了重要启示。

第三节 基于工程教育理念下高校专创融合教育模式的建构

一、基于工程教育 CDIO 理念的高校专创融合教育模式概述

在大众创业、万众创新的新时代，"四新"建设背景下的高校创新创业教育是面向全体大学生，以理论密切联系实际、实现知识的学以致用为根本目的的通识教育。创新创业教育是以培养大学生基于专业的创新思维、创业精神和创业实践能力为目标，以课堂教学和实践教学为主要载体，培养学生今后开创事业、开创人生所必备的品格、意志、知识、思维、能力的新的素质教育。深化创新创业教育改革，应将创新创业教育贯穿专业的人才培养全过程，深度有机融入人才培养方案，建立适合专业特点的创新创业教育模式，以推进创新型人才培养。

CDIO 教育理念是近年来国际工程教育改革的成果。"CDIO"分别取自构思（Conceive）、设计（Design）、实现（Implement）和运作（Operate）四个英文单词的首字母，尤其强调让学习者将积极、主动、实践、课程有机联系起来进行学习，以"做中学"和"项目化教学"为基本教学组织模式。CDIO 理念强调理论教育和实践教育紧密结合，这种提倡学以致用的教育理念，其培养人的能力目标与创新创业教育的培养目标有较高的契合性和一致性。为此，我们将 CDIO 教育核心理念引入，强调以学生学习为中心，以教师教学为主导、在实践中学习来开展创新创业教育，探索构建以 CDIO 理念为指导的创新创业教育新模式。让学生在"做中学""学中思"，关注研究与专业相关的真实问题，运用所学解决与专业相关的真实问题，实现学以致用，提升基于专业的高阶运用能力，培养创新型人才。

二、基于工程教育 CDIO 理念的高校专创融合教育模式构建

课题组通过广泛调研高校创新创业教育先进经验和教学改革实践，主要从以下六个维度构建基于 CDIO 理念的高校专创融合教育新模式（如图 2-3 所示）。

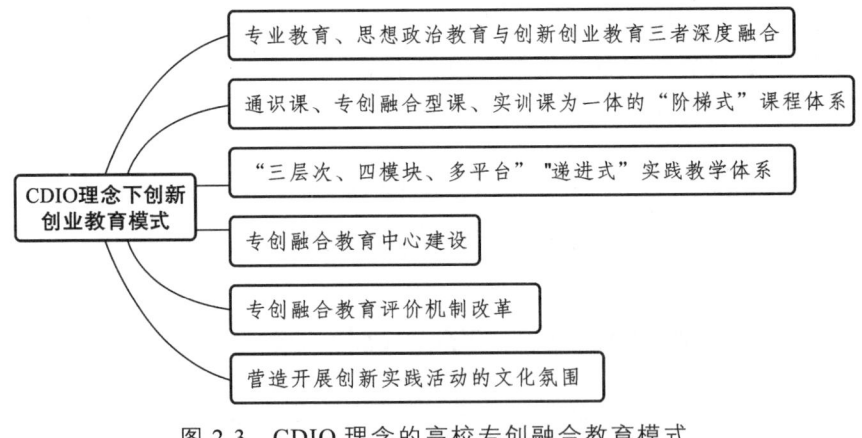

图 2-3 CDIO 理念的高校专创融合教育模式

（一）CDIO 理念下的专创融合教育理念革新

以立德树人为根本，在专创融合教育的顶层设计中，推进专业教育、思想政治教育与创新创业教育三者深度融合，推进"双创"教育改革。首先，坚持思想政治教育对创新创业教育的价值引领，突出创新创业教育的育人本质，将思想政治教育有机融入创新创业教育全程。在创新创业教育中厚植家国情怀，深度融入中华优秀传统文化、社会主义核心价值观等德育元素，强

调在高校"四新"建设下,推进有灵魂有使命的教育,实现铸魂与育才相融合的"双创"教育。同时,将创新创业教育融入专业人才培养全程,实现专业教育与创新创业教育的有机融合,引导学生将所学专业知识运用于创新创业实践,探索人才培养的新范式。其次,以 CDIO 教育理念为指引,坚持以学生发展为中心,通过"做中学""学中思"的创新创业教育,让学生在亲身实践中,培养学以致用的高阶创新能力。

(二)构建 CDIO 理念下的专创融合教育课程体系

坚持以课堂教学为主渠道,推进专创融合教育,以课程思政理念和 CDIO 教育理念为指导,深度探索专创融合教育课程建设与改革。首先,依据人才培养方案,分阶段开设"双创"通识课、"专创融合型"专业课、"双创"实训实践课,建立并完善创新创业教育"阶梯式"的课程体系。其次,分类推进课程建设和教学改革。在"双创"通识课,深度探索"课程思政"教学改革,将思想政治教育融入创新创业教育,将德育元素融入课堂教学,以教师的无私奉献践行"课程思政";在专创融合课型专业课中,有机融入创新创业教育元素,培养学生运用专业知识发现问题、基于专业所学解决真实问题的实践能力;在专创融合实训实践课中,鼓励学生结合专业前沿设计创新创业项目,开展调查研究、实践训练,让学生在"做中学",培养"敢闯会创"的拼搏精神和创新创业能力。

(三)探索 CDIO 理念下的专创融合教育实践教学体系改革

贯彻 CDIO 理念"做中学"和"项目化学习"理念,探索建立"三层次、四模块、多平台""递进式"的专创融合教育实践教学体系。实践教学"三层次"为"双创"教育分阶段的教学目标,是指大学一年级重在启迪学生创新思维、创新精神和创业意识,大学二年级重在培养学生创新创业基本素质和创新创业能力,大学高年级和研究生阶段重在开展科研和"双创"模拟训练、科研和"双创"竞赛实训。实践教学"四模块",是将实践教学内容分为创新思维和创业意识、创新创业基本素质、基于专业的创新创业能力和基于专业的研究能力四大能力模块。每一模板有对应的实践教学项目,以项目化教学强化对应实践能力养成。实践教学"多平台",是指着力建设与实践教学内容相适应,贯彻 CDIO "做中学"核心教育理念的专业实训室、学生社团、实习基地等实训实践平台。通过实践目标、实践内容和实践平台的建设,探索 CDIO 理念下的专创融合教育实践教学体系改革。

（四）加强 CDIO 理念下的专创融合教育中心建设

全面推进"校级+院级"专创融合教育中心建设，为专创融合教育改革提供智力支持和实训支撑。专创融合教育中心以 CDIO 核心教育理念为指导，以创新创业教育师资建设、创新创业教育理论研究、学生实训平台建设、学生职业导航和高水平创新创业竞赛指导为工作重点，致力建设集创新创业教育研究、创新创业教学、创新创业竞赛指导于一体的教学科研型机构。

（五）CDIO 理念下专创融合教育的评价机制改革

在 CDIO 理念下，专创融合教育的评价机制改革应该遵循以下几个原则：第一，以学生为中心，关注学生的个性化发展和差异化需求，尊重学生的主体地位和选择权，鼓励学生参与评价过程，提高评价的有效性和公正性。第二，以能力为导向，突出评价的形成性和发展性，注重评价学生在构思、设计、实施和运行等各个阶段所表现出的工程能力、创新能力、创业能力等综合素质，而不仅仅是知识掌握水平。第三，以项目为载体，强化评价的实践性和综合性，利用真实或模拟的工程项目作为评价内容和标准，考查学生在项目中所运用的知识、技能、方法、态度等方面，而不是单纯地进行笔试或口试。第四，以多元为特征，拓展评价的方式和手段，采用多种评价方法和工具，如自我评价、同伴评价、教师评价、专家评价、客户评价等，结合书面报告、口头陈述、展示演示、作品展示等形式，形成多维度、多层次、多角度的评价结果。通过改革创新创业教育的评价机制，可以更好地反映学生在 CDIO 理念下的学习效果和成长进步，激励学生主动参与创新创业活动，提升学生的工程素养和竞争力。

（六）营造鼓励结合所学专业开展创新实践活动的文化氛围

从以下三方面着力营造专创融合的文化氛围：首先，突出价值引领。以立德树人、厚植家国情怀、培养理想信念坚定的青年创新创业者为创新创业教育的价值引领目标。其次，强调培养学生开创事业、开创未来所需要的意志品质与拼搏精神，培育"敢闯会创"的创新创业文化。三是突出高校开展创新创业的教育示范引领作用，鼓励基于专业的创新创业，强调团队成员所学专业知识和技能在"双创"项目中的转化和运用。不简单以创业实绩和创业结果作为创新创业教育的评判标准，树立积极健康的创新创业观念。努力营造鼓励创新、呵护创新、宽容失败的创新创业文化氛围，激发学生参与创新创业的热情；教师投入大量时间和精力，全心指导，精心培育学生的创意，尽心保护学生的创新，让他们的每一个创意创新都能不断成长。

第三章

高校专创融合教育模式典型示范案例

第一节　新文科高校专创融合教育模式的探索与实践

专创融合教育是高校"四新"建设的重点，本节拟以重庆市高水平新文科建设高校四川外国语大学专创融合教育为例，探讨新文科高校专创融合的经验与启示。

四川外国语大学是新中国最早设立的四所高等外语院校之一。学校在邓小平、刘伯承、贺龙等老一辈无产阶级革命家的亲切关怀和指导下，成立于 1950 年。学校以外国语言文学学科为主，文学、经济学、管理学、法学、教育学、哲学、艺术学等多学科协调发展。学校于 2021 年获批"重庆市高水平新文科建设高校"重大项目，2023 年在重庆市高水平新工科、新医科、新文科、新农科建设高校项目中期验收中，学校"高水平新文科建设高校"项目获评"优秀"等级。

近年来，学校以新文科建设为抓手，高度重视创新创业教育，坚持以创新创业教育为导向，以课堂为主渠道，着力建设专创融合型教育体系，广泛鼓励学生参加各类创新创业比赛，着力培养学生创新创业实践能力，在专创融合教育取得了一系列优异成绩。

一、专创融合教育理念与模式

（一）专创融合教育理念

四川外国语大学创新创业教育的指导思想和教育理念是：全面贯彻党的教育方针，落实立德树人根本任务，立足"培养'厚基础、宽口径、强技能、高素养'，具有'中国情怀、国际视野、交流才能、创新精神'、国家和地方需要的高级外语专门人才及相关学科专业涉外人才"，以改革创新创业教育为切入点，以提高人才培养质量为核心，以变革创新人才培养机制为重点，以完善制度和条件保障为支撑，把创新创业教育贯穿到人才培养的全过程、渗透到教育教学各环节，促进人才培养模式创新，为国家实施创新驱动发展战略、促进经济提质增效升级提供更有力的人才智力支撑。①

坚持和贯彻"双创"教育的指导思想和教育理念，学校将"双创"工作纳入学校顶层设计，统筹全校资源，将"双创"工作贯穿到学校实施人才培

---

① 引自《四川外国语大学关于推进创新创业教育工作的实施意见》。

养、科学研究、服务社会的全过程。

（二）专创融合教育模式

近年来，学校注重专创融合，打造"双创"教育新范式。以创新创业系列课程建设为主渠道，将"双创"教育深度融入人才培养全程，着力构建"四位一体"双创教育载体，强化新文科"双创"教育保障体系建设。

"四位一体"教育模式，首先要求建立"专创"融合"双创"教育课程体系。坚持以课堂教学为主渠道推进创新创业教育。分本科学习阶段开设创新创业通识课、专创融合课、创新创业实训课，重点建设"专创融合型"示范课，建立并完善创新创业教育"阶梯式""立体化"的课程体系。其次，要求构建"专创"融合的"双创"教育实践教学体系。建立"三层次、四模块、多平台""递进式"的"双创"教育实践教学体系。"三层次"为"双创"教育分阶段的教学目标；"四模块"是将实践教学内容分为四大创新能力模块，每一模板有对应的实践教学项目，以项目化教学强化学生对应实践能力养成；"多平台"指着力建设与实践教学内容相适应的实验教学平台、专业实训室、实习基地等双创教育平台。再次，要求构建以中国国际"互联网+"创新创业大赛为核心的双创竞赛体系，探索建立以中国国际"互联网+"大赛为龙头，以"挑战杯""大创计划"等高水平学科竞赛品牌赛事为引领，从创意、创新到创业的"双创"竞赛体系，构建与竞赛体系相适应的层次递进、覆盖面广的"双创"竞赛项目选培机制。最后，探索"科学研究+语言产业+创新创业"一体化的孵化实训体系。引导学生结合所学专业参与科研成果转化和开展"双创"实践，依托创新创业训练中心开办语言教学、语言产业等专创融合型"双创"实践训练营。

同时，强化新文科"双创"教育保障体系建设，建立"文化与制度引领"激励机制，推进"双创"教育研究中心保障机制建设，强化"专思创"师资建设，探索多学科、跨学科师资团队协同育人。

（三）专创融合教育的特色创新

1. 专创教育有机融入人才培养的探索——歌乐书院"新文科创新创业菁英书院班"专创融合教育实践

"新文科创新创业菁英书院班"项目是在新文科视域下，遵循四川外国语大学国际化人才培养定位，从"厚植家国情怀，开拓国际视野、浸润人文底蕴和培养双创思维和实践能力"培养目标出发，面向全校有创新创业潜质的优秀学生（本、硕、博和国际学生）开展的、"双创"课堂教育、竞赛体验和训练实践相融合的特色书院制"双创"人才培养项目。"新文科创新创业菁英书院班"是四川外国语大学新文科歌乐书院首批"卓越涉外人才书院班项目之一。

项目由以校内"双创"导师和业界专家协同合作育人，以"价值观+专业能力+创新能力"融合型培养目标为指引，坚持"专、思、创"三融合（专业教育、思想政治教育与创新创业教育深度融合）的顶层设计，依托项目团队已有的国家级"双创"金课和6门省级一流课程、课程思政示范课以及14载"双创"教育经验，建立"双创"书院班"课—赛—研—创""四位一体""双创"教育模式，致力培养知中国、爱中国，具全球视野，致力于中外人文交流，堪当民族复兴大任的新时代外语院校创新创业"领雁"人才。

新文科创新创业书院班是一种以外语院校为特色，以"双创"教育为核心，以书院制为载体的人才培养模式。该模式旨在培养具有国际化视野、创新创业能力和家国情怀的复合型、创业型人才。项目立项一届以来，取得了较为突出的成效。

在育人方面，该模式成功培养了一批品德优良、视野开阔、热爱创新创业创造的学生，他们掌握了信息化时代国际前沿创新创业理论、工具和方法，能够独立运行创新创业项目，形成了20余项创新创业典型育人榜样案例。

在竞赛方面，该模式有效指导了更多学生参加各类高水平"双创"竞赛，取得了突出的成绩，指导学生获得国家级、省级、校级"双创"竞赛奖项90多项，实现了学校"双创"竞赛获奖突破，助力学生更高质量的就业创业和学校一流专业建设"双创"教育改革。

在铸魂方面，该模式引导学生在创新创业的实践中锤炼意志品质，厚植家国情怀，培育了一批心怀"国之大者""敢闯会创"的卓越国际化人才。书院班学员参与"双创"类竞赛比例达到80%以上。该模式也让胸怀家国、致力创新创业的使命担当和坚定选择内化为外语学院学子的特质，引领更多优秀外语人自觉承担让中国文化"走出去"的责任和使命，引领优秀毕业生砥砺前行，积极报效国家。

2. 专创融合课程建设的探索——"创新创业导论"示范课建设

"创新创业导论"（简称"导论"）是四川外国语大学"双创"教育示范课程、国家级一流专业建设支撑课程。课程为教育部全国高校就业创业金课（全国40门之一）、重庆市首批课程思政示范课、重庆市一流课程、重庆市一流课程示范案例。教学团队为市级课程思政教学名师团队，来自中文、思想政治教育、教育学、工商管理、外语等 5 个学科、6 个国家级一流专业师资；有重庆市学术技术带头人、博士生导师 2 人，硕士生导师 6 人；有全国优秀社会科学普及专家、共青团重庆市委青年讲师团成员、重庆市首届高校教学新星奖获得者。课程以"寓德于课"模式深耕教学创新，课程建设成效获得市内外专家的较高评价。

"导论"遵循学校国际化人才培养定位，提倡践行"双创"教育是基于新文科的"专业教育、思政教育与双创教育"三融合的"价值创造"教育理念。课程以省级一流学科"外语学科"和省级重点学科"中文学科"为支撑，以央地共建传统文化体验研究中心、省级人文社科示范普及基地为依托，从"厚植家国情怀、拓宽国际视野、浸润人文底蕴和培养双创思维和实践能力"三位一体课程目标出发，突出传统文化浸润，融入跨学科思维，是一门将"双创"的课堂教育、竞赛体验和训练实践相融合的特色课。课程尤其强调新文科建设的价值塑造、学科交融、学以致用，以"思想铸魂""实践育才""创新赋能"为鲜明特色。

以"导论"为基础，新建形成"大学生创业教育""新文科专创融合训练与实践""新文科书院班"等"双创"课程群。"双创"课程群培育 1900 多项学生文创项目，获三创赛全国特等奖（评奖比万分之三）、全国一等奖（评奖比万分之五）等对文科专业而言殊为不易的国家级、省级奖 283 项（分别占全校同类竞赛国家级获奖总数的 90%和省级的近 65%），其中国家级获奖 35 项，"互联网+"大赛省级奖 47 项。"导论"是省级教学成果（"双创"教育）二等奖核心支撑课程，助力学校 6 个国家级一流专业"双创"教育改革；课程团队应邀到市内外近 20 个二级学院推广课程育人经验，示范辐射面广。

3. 专创融合教育基层优秀教学组织的探索——新文科专创融合教育课程群虚拟教研室建设

新文科专创融合教育是指以新文科建设理念为指导，以创新创业教育为核心，以专业知识、能力和素养为基础，以跨学科、跨领域、跨界别的整合与融合为特征，以培养具有国际视野、创新精神和创业能力的复合型人才为目标的教育模式。四川外国语大学在探索新文科专创融合教育的过程中，深度探索以虚拟教研室的形式推进教学组织和师资团队建设。本节阐释新文科专创融合教育课程群虚拟教研室的建设目标、运行概况、建设内容、特色亮点和取得成果等方面的情况，旨在探索"智能+"时代新型基层教学组织建设标准、建设路径和运行模式，为新文科专创融合教育基层教学组织建设和师资团队建设提供有益借鉴。

1）建设目标

新文科专创融合教育课程群虚拟教研室坚持立德树人根本任务，遵循学校国际化人才培养定位，以学生发展为中心，依托现代信息技术，创新教研形态，力争经过3~5年的探索，建成理念先进、覆盖全面、功能完备的外语院校新文科专创融合教育示范虚拟教研室。具体目标如下：

第一，探索数智时代基层教学组织建设标准、建设路径和运行模式。利用信息技术手段，突破时空限制，实现线上线下相结合、虚实相融的教师教研模式，形成基层教学组织建设管理的新思路、新方法、新范式。

第二，打造一支高水平新文科专创融合型教研团队。通过跨校际、多学科实践教学团队建设，邀请校外专家进行讲学，加强与业界导师的合作指导，开展创新创业教研教学交流，共研教育教学、共享教研经验，打造一支高水平的创新创业教研团队。

第三，培育高水平新文科专创融合教研与学生"双创"实践成果。通过课程思政教学改革等方式推进课程建设，通过师生学习共同体指导学生竞赛，通过跨区域课程教学研究和探讨开展教学改革，通过相关教学活动、学术交流、专题工作会议等方式推广教研成果。培育市级优质专创融合型项目，孵化具有国际化特色的学生"双创"实践项目，助力学生更高质量的就业创业。

2）运行概况

新文科专创融合教育课程群虚拟教研室由四川外国语大学牵头，联合西南大学、重庆师范大学等六所高校共建，以创新创业导论课程组为核心，以川外创新创业教育学科教师为主体，与马克思主义学科、外语学科、工商管理学科等多个学科教师长期合作，形成了跨专业、跨学院、跨校、跨校企、跨区域的教研交流网络。运行概况如下。

首先，在运行制度方面，建立了《"创新创业导论"课程组工作条例》等规章制度，明确了课程组的组织架构、职责分工、考核评价等内容，规范了课程组的日常管理和运行机制。定期开展教研讨论，以师生学习共同体指导学生竞赛，每学期进行授课总结。

其次，在活动组织方面，六年来，团队坚持以教研共同体等方式推进课程建设，通过线上线下相结合，以课程为载体，合作开展教学研讨活动，参与制订人才培养方案和课程计划；合作完成课程建设、教学和管理；共同制定课程教学大纲、课程评价等教学文件；跟踪教学过程，解决问题；开展跨区域课程教学研究和探讨；定期开展相关教学活动、学术交流、专题工作会议等。

最后，在建设成果方面，团队建设了"创新创业导论""语言与文化""语言文化与社会""地名与文化"等多门市级一流课程和市级课程思政示范课，"创新创业导论"教学团队获评重庆市首批课程思政教学团队、重庆市一流课程示范案例团队等，多名教师获得国家级、市级优秀导师荣誉，和业界导师合作指导学生获"双创"类国家级、省级奖项。

3）建设内容

新文科专创融合教育课程群虚拟教研室的建设内容主要包括以下几个方面。

第一，探索"线上+线下、虚实结合"教研室管理运行机制。利用虚拟教研室平台，实现线上线下相结合的教师教研模式，突破时空限制，提高效率和便捷性。采用集体备课、主题研讨、课例评析、问题诊断和网络沙龙等形式进行教学研讨，汇集每所学校的鲜活经验，形成形式多样、线上线下融合、虚实结合的教研模式。通过虚拟教研室平台，实现教师之间的信息共享、资源共建、经验交流、互动协作，提升教师团队的专业素养和教学能力。

第二，推进国家级、省级课程教学改革和一流课程建设。团队以创新创业教育为核心，以专业知识、能力和素养为基础，以跨学科、跨领域、跨界别的整合与融合为特征，建设了一批国家级、省级一流课程和课程思政示范课程，如"创新创业导论""语言与文化""语言文化与社会""地名与文化"等。团队完善了课程群的教学设计和内容衔接，将最新科研成果融入教学，实现创新创业教育与思想政治教育相融合、创新创业教育与专业教育相融合。团队发挥了国家级一流课程的引领示范作用，推动了互联互通、共建共享，让更多的高校和学生受益。

第三，建设优质共享的专创融合教育教学资源库。团队充分发挥了创新创业教育一流课程的优质资源，建立了优质资源共享的新机制；充分发挥了教学名师的示范引领作用，加大了创新创业教育虚拟教研室教师的交流，共享共建人才培养方案、教学大纲、知识图谱、教学视频、电子课件、习题试题、教学案例、实验项目、典型案例等教学资源，建设了开放共享的教学资源库、教学案例库。

第四，深化专创融合教研共同体建设。团队依托创新创业教育虚拟教研室，组织教师结合教学工作实际，积极联合申报各级各类教学改革研究和教学建设项目，深入开展课程思政、课程建设、教材建设、教学改革、教学方法、教学手段、教学评价等方面的探索，撰写教学研究论文，提升课程、教材、实验教学等方面的建设内涵建设水平。

第五，培育数智时代的师生"双创""虚拟"研学共同体。教学团队充分运用现代信息技术，深度探索线上线下、虚实结合的方式，建设师生"双创"研学共同体。团队以校内"双创"导师和业界专家协同合作育人，以"价值观+专业能力+创新能力"融合型培养目标为指引，建立"课—赛—研—创"专创融合教育模式，培育具有外语院校特色的学生文创项目，培养知中国、爱中国，具全球视野，致力于中外人文交流，堪当民族复兴大任的新时代外语院校创新创业"领雁"人才。

新文科专创融合教育课程群虚拟教研室，以立德树人为根本任务，以培养人才培养能力为核心，以现代信息技术为依托，深入开展专创融合型创新创业教育，探索"智能+"时代新型基层教学组织建设标准、建设路径和运行模式，全面提升教师教学能力。通过跨专业、跨学院、跨校、跨校企、跨区域的教研交流，打造一支高水平的专创融合型教研团队，培育高水平的创新创业教研与学生"双创"实践成果，助力外语院校新文科专创融合教育的发展。

（四）新文科高校专创融合教育模式的经验与启发

新文科高校专创融合教育是指在新时代新使命的要求下，以创新创业教育为导向，以课堂教学为主渠道，着力构建专业教育、思政教育与创新创业教育深度融合的教育体系，培养具有中国情怀、国际视野、交流才能、创新精神的涉外人才。四川外国语大学专创融合教育的实践经验和启示主要有以下几方面。

第一，坚持以立德树人为根本任务，贯彻新文科的价值创造理念。新文科高校要以培养具有中国情怀、国际视野、交流才能、创新精神的涉外人才为目标，将创新创业教育与专业教育、思政教育深度融合，培养学生的创新意识、创业能力和社会责任感。这一理念要求新文科高校不仅要传授学生专业知识和技能，还要注重学生的价值观和人格塑造，让学生在专业学习中感受中华优秀传统文化的魅力，增强民族自信和文化自信；同时，也要拓宽学生的国际视野，提高其交流能力，让学生了解世界各国的历史、文化、社会和经济等方面的情况，培养学生的跨文化沟通和协作能力。

第二，构建专创融合的课程体系和实践教学体系。新文科高校要以课堂教学为主渠道，开设创新创业通识课、专创融合课、创新创业实训课等，建立阶梯式、立体化的课程体系。这一体系要求新文科高校在课程设置上既要保证专业知识的系统性和完整性，又要突破学科边界和界限，实现跨学科、多学科交叉融合发展。例如，四川外国语大学开设了"创新创业导论"这门示范课程，该课程以省级一流学科"外语学科"和省级重点学科"中文学科"为支撑，突出传统文化浸润和跨学科思维。同时，新文科高校要建立递进式、多平台的实践教学体系，引导学生参与各类创新创业项目、竞赛和科研成果转化，提高学生的实践能力和创造力。例如，四川外国语大学建立了"三层次、四模块、多平台"的双创教育实践教学体系，以项目化教学强化学生的实践能力。

第三，打造专创融合的人才培养模式和特色品牌。新文科高校专创融合教育要探索以新形式新载体的人才培养模式，提倡以"双创"导师和业界专家协同育人，培养具有国际化视野、创新创业能力和家国情怀的复合型、创业型人才。这一模式要求新文科高校在人才培养上既要注重学生的专业素养和基础能力，又要注重学生的综合素质和创新能力，让学生在专业学习的同时，参与各种形式的科研活动、竞赛活动和创业活动，提升学生的发现问题、分析问题、解决问题和团队协作的能力。同时，新文科高校要突出传统文化浸润和跨学科思维，打造具有学校学科专业特色的"双创"教育品牌。这一品牌要求新文科高校在"双创"教育上既要发挥自身文科专业的优势和特色，又要借鉴其他类型院校的经验和做法，形成自己独具特色的"双创"教育理念、内容、形式和成果，提升自身在国内外的影响力和竞争力。

第四，强化师资队伍建设和保障机制建设。新文科高校要加强"双创"教育师资队伍建设，探索多学科、跨学科师资团队协同育人，提高"双创"教育教学水平和研究水平。这一建设要求新文科高校在师资引进、培养、激励等方面采取有效措施，吸引和留住一批具有国际视野、跨学科背景、"双创"经验的优秀教师，组建多元化、复合型的"双创"教育团队，开展多层次、多形式的"双创"教育培训和研究活动。同时，要建立文化与制度引领的激励机制，完善"双创"教育研究中心等保障机制，为"双创"教育提供良好的环境和条件。

第二节　新文科高校中文类专业专创融合教育模式的探索与实践

专创融合教育是高校一流专业建设的重点内容之一，本节拟以四川外国语大学中文学院中文类专业专创融合教育为例，探讨一流专业建设中专创融合教育的经验与启示。

四川外国语大学中国语言文化学院（简称"中文学院"）肇始于1950年建校之初的汉语教研室和1985年组建的对外汉语系，2004年成立中国语言文学系，2020年更名为中国语言文化学院。中文学院依托四川外国语大学学科优势，是我国较早培养对外汉语教学专业人才的院系之一，也是西南地区唯一一所以外语为特色和优势的中文院系。中文学院现有中国语言文学一级学科硕士学位授予点，1个专业硕士学位授权点（汉语国际教育），另设有历史语言学、社会语言学2个跨专业博士方向。在本科教育方面，现有汉语国际教育和汉语言文学两个本科专业。其中，汉语国际教育专业是国家级一流专业建设点、重庆市一流专业建设点；汉语言文学专业是重庆市一流专业建设点。创新创业教育是高校人才培养改革的突破口，是高校人才培养的新探索。在高校深化"双创"教育改革的背景下，中文学院依托学校外语学科优势，着力培养"国学、外语、实践、创新"相结合的特色中文人才，其中，人才培养目标中的"实践"和"创新"都是以创新创业教育作为重点支撑来推进的。中文学院结合专业教育推进广义"双创"教育可以追溯到2010年7月，至今已有近14年"双创"教育改革经验。

自2020年起，中文学院在已有近10年"广谱式""双创"教育基础上，在同类专业中率先推进"专业教育与双创教育"深度融合，创新构建"双核三维六化"专创融合教育模式，培养具有中国情怀、国学根柢、创新能力的一流国际中文人才。经三年砥砺实践，专创融合教育在铸魂、育才、铸教成效极为突出，建成重庆市一流课程、课程思政示范课多项，近三年学生获国家级、省级竞赛奖190余项，助力一流专业建设和人才培养质量提升。

一、中文专业专创融合教育概述

（一）中文专业"双核三维六化"专创融合教育模式

"大众创业、万众创新"是中华民族伟大复兴阶段的特征，"双创"教育是中国高等教育改革的突破口。近年来，高校"双创"教育改革成为热点和重点，"双创"教育的广泛开展对提高教育质量、促进学生成长成才发挥了重要作用。同时，也存在一些亟待解决的新问题："双创"教育与专业教育相对脱节，缺乏紧密联系；专创教学与实践分离、课程挑战度低；"双创"教育的价值观引导亟待结合学生专业实际，突出教育本质等。这些问题中，尤其又以专业教育与"双创"教育脱节最突出，成为制约"双创"教育深化改革的瓶颈。

2020年以来，川外中文学院在已有10年"双创"教育改革经验的基础上，针对专业与"双创"教育脱节的新问题，依托省级教学改革重大项目，于市内同类专业中率先将"专业教育与双创教育"深度融合，创新构建铸魂育才"双核三维六化"专创融合教育模式，革新本专业实践教学组织模式。

中文专业"双核三维六化"专创融合教育模式是指基于专业系统培养和"双创"教育理念，围绕中文专业教育和双创教育两个核心（双核），构建"课程体系化、师资专业化、双创竞赛系统化、实践活动品牌化、实践平台基地化和双创机制制度化"六化机制推进专创融合，实现学生专业能力与"双创"能力相融合，理论知识与"双创"实践相融合，培养具有中国情怀、国学根柢、创新能力三维合一素养的一流国际中文人才。中文专业"双核三维六化"专创融合教育模式如图3-1所示。

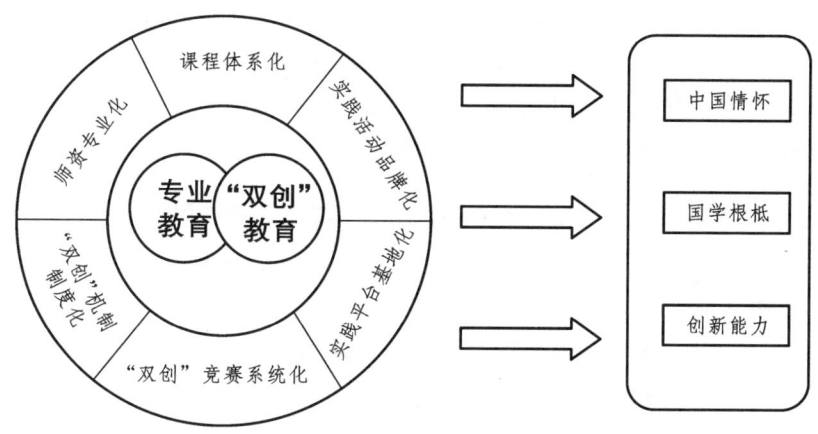

图3-1 中文专业"双核三维六化"专创融合教育模式

（二）中文专业专创融合教育成效概述

经过近14年的深厚积淀和三载岁月的创新砥砺，中文专业建成了市内特色鲜明、极具示范效应的专创融合教育新模式，实现了"实践育才、思想铸魂、双创赋能"。

首先，人才培养质量极为突出。近三年，"双创"省级（以上）获奖每年平均近60项，是2020年前每年获奖数的5～6倍，专业类和"双创"获奖成果居国内同文科类专业前茅。

第二，教研成果丰硕。获省级重大教研项目1项、重点教研项目3项，省级课程项目6项、示范（优秀）案例2项，汇编学生双创典范案例集 1 部。

第三，弘扬中华文化成绩突出。近三年有 190 余项省级获奖文创项目，有近 1000 项创意项目。

第四，服务社会广获赞誉。国家社科重大项目、学科交融型的地名研究成果和省级人文社科示范普及基地的地名科普成果得到主流媒体关注，推动了地名文化的海内外传播。

第五，助力学校一流专业建设。190 多项获奖成果成为学校教学评估、学科竞赛的重要支撑。在近十年的"互联网+"、三创赛等竞赛中，占每年全校参赛团队总数的 20%（平均），国家级奖项的近 90%，省级奖项的近 65%，均来自中文学院王琥老师所指导的项目。2019 年和 2020 年连续两年，在中国高等教育学会发布的全国高校学科竞赛榜纳入评价的川外学生国家级重要获奖中，仅王琥老师一人所指导的获奖数独占全校总数近 1/4。

最为重要的是，通过专创融合教育的深化改革，坚持立德树人，赓续红色血脉。将中华魂厚植于学子血脉，将中华文化浸润于学子骨髓，将专业素养熔铸于学子个性化成长和终身发展。培养的优秀毕业生在国际中文教育、中华优秀文化传承等伟大事业中砥砺奋进。

（三）中文专业专创融合教育解决的教育教学问题

第一，探索新文科视域下中文专创融合教育如何实现价值重塑，培养有灵魂、有使命的"价值人"。

第二，破解传统"双创"教育与中文专业教育融合度不高的困境，探索新文科视域下学科交叉融合的专创教育新范式。

第三，破解传统专业教育培养重理论、相对弱实践，不能和社会需求紧密结合的难题，探索中文专业人才高阶创新实践能力培养新路径。

二、中文专业专创融合教育的方法与路径

三年来，教学团队构建"课程体系化、师资专业化、双创竞赛系统化、实践活动品牌化、实践平台基地化和双创机制制度化""六化"机制，推进中文专业专创融合教育（如图 3-2 所示）。

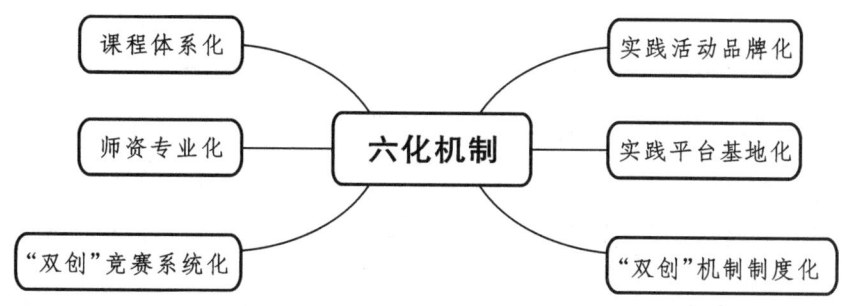

图 3-2　专创融合六化机制

（一）以一流课程建设为主渠道，构建专创融合"阶梯式"课程体系

首先，依据人才培养方案分阶段开设"双创"通识课、"专创融合型"专业课、"双创"实训课，建立完善专创融合教育"阶梯式"课程体系（如图 3-3 所示）。其次，分类推进课程教学改革。以"寓德于课"模式创新"课程思政"教学，将德育元素融入课堂；鼓励学生结合专业前沿设计文创项目，在"做中学"培养"敢闯会创"的专创能力和专业精神。近三年，团队获国家级、省级课程（案例）近 10 门，其中主持国家级 1 门、省级课程 6 门和课程示范案例 3 项，主讲省级课程 4 门。如表 3-1 所示。

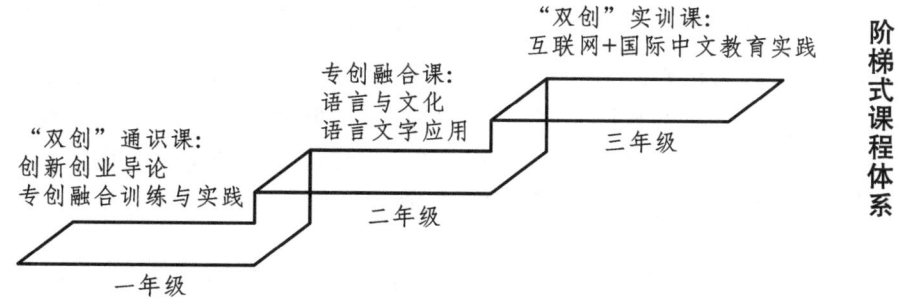

图 3-3　专创融合教育"阶梯式"课程体系

表 3-1　近四年（2020—2023 年）国家级、省级、校级一流课程列表

序号	课程名	课程类别	主持人	获评时间
1	创新创业导论	全国高校创业金课	王琥	2022 年 7 月
2	语言文化与社会	重庆市一流课程	周文德	2021 年 12 月
3	汉语地名学	重庆市研究生课程思政示范课	周文德	2023 年 8 月
4	创新创业导论	重庆市课程思政示范课	王琥	2021 年 8 月

续表

序号	课程名	课程类别	主持人	获评时间
5	语言与文化	重庆市课程思政示范课	周文德	2022年8月
6	创新创业导论	重庆市一流课程	王琥	2022年12月
7	创新创业导论	重庆市一流课程示范案例	王琥	2022年12月
8	地名与文化	重庆市课程思政示范课	王琥	2023年8月
9	语言文化与社会	校级一流课程	周文德	2021年7月
10	创新创业导论	校级一流课程	王琥	2021年7月
11	语言与文化	校级一流课程	王琥	2022年6月
12	地名与文化	校级一流课程	王琥	2023年5月
13	创新创业导论	校级课程思政示范课	王琥	2020年6月
14	语言与文化	校级课程思政示范课	周文德	2022年6月
15	地名与文化	校级课程思政示范课	王琥	2023年4月
16	歌乐书院新文科创新创业菁英书院班	校级卓越涉外人才培养改革项目	王琥	2023年1月

（二）打造高水平学科交融型教学团队，推进专创融合师资专业化

以中文学科为核心，与外语学科、工商管理学科长期合作，加强校本跨学科团队建设，推进跨校际、多学科实践教学团队建设，为实践教学提供智力保障。目前，建成省级教学示范团队4个，邀请市内外专家、跨学科专家深度参与实践教学，三年来累计开展40余场专家研讨课。

（三）构建以"互联网+"大赛等"双创"竞赛为驱动的"三全育人"模式，推进竞赛机制系统化

建设以中国国际"互联网+"大赛为龙头，以"挑战杯""创青春""大创计划"和专业类高水平学科竞赛等品牌赛事为引领，从创意、创新到创业的"双创"竞赛全链条体系，建立专业教育、思政教育与社会服务深度融合的"三全育人"模式。构建相应的跨学科、跨院系、跨专业，层次递进，覆盖面广的"双创"竞赛项目选培机制和"专业+行业+双创"的师资团队。近三年，累计开展学院"双创"类竞赛近20次，参与学生数达3000余人次，孵化创意项目近1000项。

（四）创立基于"项目制"教学的实践教学四模块，推进专创融合实践活动品牌化

根据中文专业所必备的核心能力，将专创实践教学分为中文专业基础、语言应用技能、中华才艺素养与中外人文交流能力、科研创新四个能力模块。每一模板有对应的核心实践课程和系列实践教学项目（图 3-4 至图 3-7）。每一系列项目由 1 项主题实训活动（基础层）、1 项学院品牌竞赛（高阶层）、1 项跨校际高水平竞赛或实践活动（高阶层）和系列实习实训活动（运用层）组成。近年来，建成国家级创业金课"创新创业导论"，打造"汉语角""重庆地名大会""中外文化交流月""戏剧之夜""双创筑梦之旅"等近 10 项校内闻名、市内有美誉度的品牌活动。

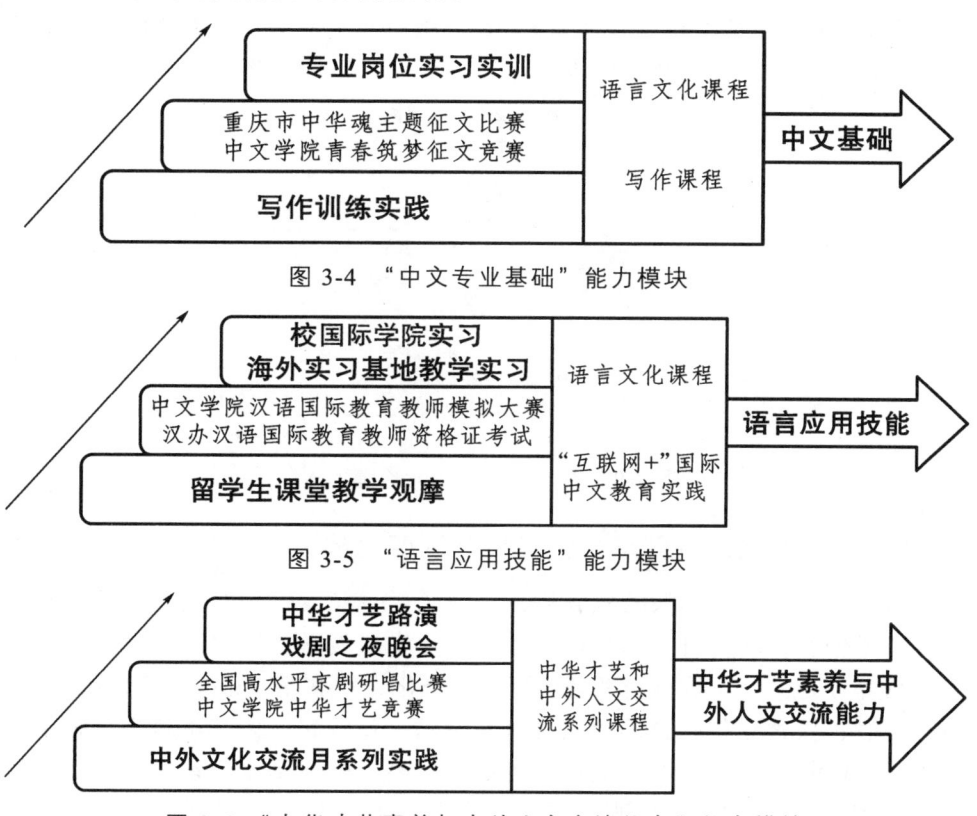

图 3-4 "中文专业基础"能力模块

图 3-5 "语言应用技能"能力模块

图 3-6 "中华才艺素养与中外人文交流能力"能力模块

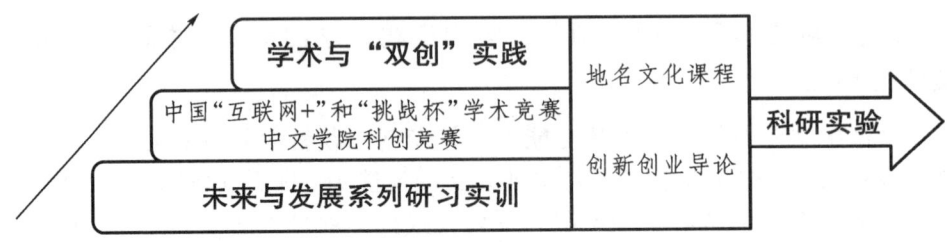

图 3-7 "科研创新"能力模块

（五）全力建设五类高水平实训平台，推进专创融合实践平台基地化

以央地共建基地 800 余平米的传统文化体验与研究中心为依托，建设五类平台。涵盖 2 个实训科研教学中心、5 个央地共建专业实训室、5 个文化创新学生社团、4 类学科竞赛体系和 36 个海内外实习基地（图 3-8）。依托五类平台，开展丰富多彩的文化传统活动，推动中华传统文化传承。

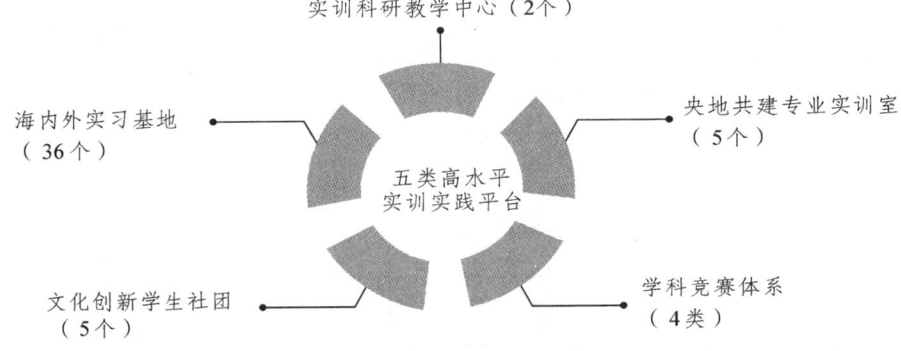

图 3-8 专创融合实践平台基地化

（六）全面推进专创融合保障机制制度化建设

推进系列"双创"保障机制建设（图 3-9）。第一，修订人才培养方案：树立专思创融合的五育并举导向，强化专业实践教学。第二，推出专业拔尖人才培养计划：设立学科交叉教改班，小班化组织教学。第三，建设"双创"教育中心：探索专创融合虚拟教研室建设已三年积累，以"本科生导师制""朋辈助教团""师生学习共同体"等创新机制，强化师生互动、生生互动，教师精细化指导学生"双创"。第四，强化激励制度：专设优秀学生海外研修资助计划，设立"创新实践奖"，助力学生获省级创新能力先进个人近 20 人次，50 余个学生团队获"双创"奖学金和研修资助，助力学子创新俭学。

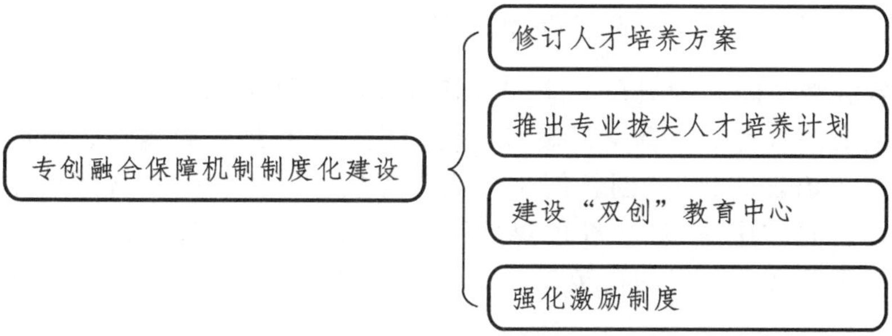

```
专创融合保障机制制度化建设 ─┬─ 修订人才培养方案
                            ├─ 推出专业拔尖人才培养计划
                            ├─ 建设"双创"教育中心
                            └─ 强化激励制度
```

图 3-9　专创融合保障机制制度化建设

三、中文专业专创融合教育的经验与创新

（一）人才培养理念创新

首先，倡导专创融合教育，探索双核三维理念下专创融合，是较早将专创融合和"五育并举"理念深度融入文科专业教学体系的探索。突出实践教学的高阶性、挑战度和创新性，学生在"双创"类竞赛屡创学校获奖历史新高。其次，贯彻多学科交融理念，实现跨学科协同育人。邀请行业专家，开设"地名文化"等学科交融型课程；邀请理工科专家开展指导，探索"互联网+"汉语国际教育实践。最后，践行"课程实践化、实践课程化"项目制教学理念，建成国家级创业金课、地名大会品牌课程和实践活动。

（二）"专业+行业+双创"的融合型师资团队建设创新

首先，以"虚拟教研室"方式加强跨校际师资合作，邀请海内外、跨校际、多学科师资深度参与实践教学，打破校际界限，实现优质教学资源共享。其次，加强科研和行业师资合作，依托国家级教学科研项目专家团队、省级大学生创业示范基地和海内外实习基地业界导师，构建"科学研究+语言产业+创新创业"融合型师资团队。

（三）"课—赛—研—创"合一的"三全育人"模式创新

将科学研究和专业竞赛深度融入专创融合体系，创立"课—赛—研—创"模式，以"科学研究和竞赛实践"为驱动，引导大学生面向基层和社会需求，探索专业教育、思政教育与社会服务融合的"三全育人"创新模式，聚焦全员、全程、全方位培育专业基础扎实，思政素养过硬的一流中文创新人才，在"三全育人"模式中践行"为党育人、为国育才"的初心。

（四）"寓德于课"的课程思政范式创新

以省级教学团队为典范，率先践行新文科视域下的专业教育是重塑有灵魂、有使命的教育。强调文科教育的价值性、思想性、超越性、使命性和灵魂性，在"语言文化""创新创业导论"等核心课程践行"寓德于课"课程思政改革，将"中华魂""红色筑梦"等理念融入实践教学，培养"铁肩担道义，妙手著文章"式的精英良才，为国际中文事业注入有强烈家国情怀的新鲜血液。

（五）十余载精细化、人文化指导学生的初心砥砺

重视实践教学的因材施教，关注学生个性化发展，把对学生的课后辅导做精、做细、做深、做实。十四年来，中文学院涌现了专创融合教育的优秀教师和优秀学生。如王琥老师初心如磐，开拓创新，每年无私投入500～600个课后学时指导学生"双创"，累计指导2400多个项目，近1.5万人次参加专创实践，所指导的学生获国家级、省级各类奖项450多项（近三年近150项）。创新点如图3-10所示。

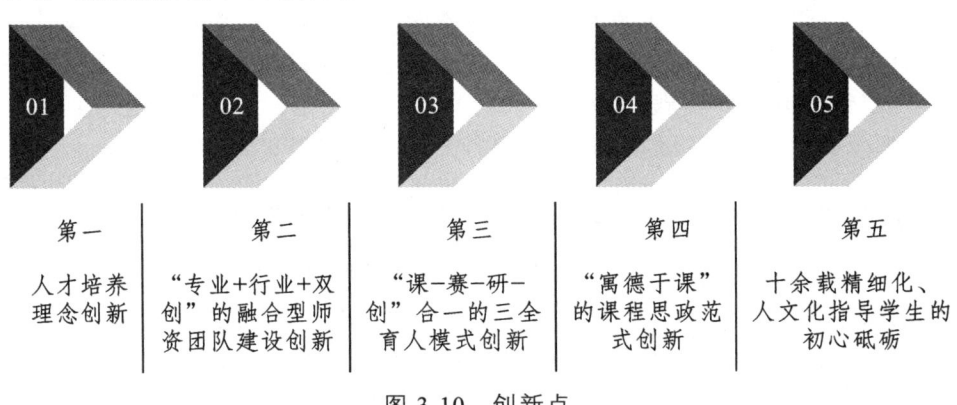

图3-10 创新点

四、中文专业专创融合教育竞赛获奖情况列表及特点分析

本小节旨在介绍近年来四川外国语大学中文学院在国家级、省级"双创"竞赛中的获奖情况及其特点，展示中文专业专创融合教育的成果和优势，探寻专业开展专创融合教育的经验与启示。

（一）代表性获奖列表（见表 3-2）

表 3-2　代表性获奖列表

序号	项目名称	所获奖励或立项名称	等级	时间
1	踏风行耘——西南地区快乐民俗体育研学旅行的开拓者	第十一届全国大学生电子商务创新创意及创业大赛总决赛一等奖	国家级	2021年7月
2	踏风行耘——西南地区快乐民俗体育研学旅行的开拓者	第十一届全国大学生电子商务创新创意及创业大赛总决赛最佳创新奖	国家级	2021年7月
3	芳馥中华：中国传统香道的文化创新与跨境交流	第十一届全国大学生电子商务创新创意及创业大赛总决赛一等奖	国家级	2021年7月
4	汉语帮——职业中文教学平台	第十五届 iCAN 全国大学生创新创业总决赛三等奖	国家级	2021年12月
5	佳孢荚——循环经济与双孢菇培育技术在吴茱萸产业中的应用助力乡村振兴	第十五届 iCAN 全国大学生创新创业总决赛三等奖	国家级	2021年12月
6	龙印象——非遗皮艺的复燃与国际传播	第十六届 iCAN 全国大学生创新创业总决赛三等奖	国家级	2022年12月
7	非遗童学荟	第十二届全国大学生电子商务创新创意及创业大赛总决赛一等奖	国家级	2022年8月
8	巴山峡川	第十二届全国大学生电子商务创新创意及创业大赛总决赛三等奖	国家级	2022年8月
9	"奉"诗生花，"节"孕万诗——关于诗城奉节"地名+诗词"文化的挖掘	国家级大学生创新创业训练计划	国家级	2022年10月
10	中国政区地名用字的搜集与整理	国家级大学生创新创业训练计划立项	国家级	2020年9月
11	新文科视域下"双创"教育对大学生实际效果的调查与研究	国家级大学生创新创业训练计划	国家级	2022年10月

续表

序号	项目名称	所获奖励或立项名称	等级	时间
12	踏风行耘——西南地区快乐民俗体育研学旅行的开拓者	第十一届全国大学生电子商务创新创意及创业挑战赛重庆赛区特等奖	省级	2021年6月
13	芳馥中华：中国传统香道的文化创新与跨境交流	第十一届全国大学生电子商务创新创意及创业挑战赛重庆赛区特等奖	省级	2021年6月
14	印迹——印章文化的多元创意领先平台	第十一届全国大学生电子商务创新创意及创业挑战赛重庆赛区一等奖	省级	2021年6月
15	佰老慧文化养老工作室	第十一届全国大学生电子商务创新创意及创业挑战赛重庆赛区一等奖	省级	2021年6月
16	"吱吱"不倦——儿童国学经典学习平台	第十一届全国大学生电子商务创新创意及创业挑战赛重庆赛区二等奖	省级	2021年6月
17	星汉之行——助力HSK通关的全媒体数字化汉考宝典	第七届中国国际"互联网+"大学生创新创业大赛重庆赛区铜奖	省级	2021年9月
18	大梦想家——农村学子新高考领航专家	第七届中国国际"互联网+"大学生创新创业大赛重庆赛区铜奖	省级	2021年9月
19	东游记——初级汉语水平国际学生的阅读指导专家	第七届中国国际"互联网+"大学生创新创业大赛重庆赛区铜奖	省级	2021年9月
20	疫情背景下对外汉语国际教育线上教学方式研究及优化建议——以HSK应试为例	重庆市大学生创新创业训练计划立项	省级	2022年9月
21	乡村振兴政策下非遗文化助力残障人士与女性就业的模式与对策研究——以重庆梁平木板画为例	重庆市大学生创新创业训练计划立项	省级	2022年9月
22	龙印象——新时代温州皮艺非遗的创新复燃	重庆市大学生创新创业训练计划立项	省级	2022年9月

续表

序号	项目名称	所获奖励或立项名称	等级	时间
23	缠萦寻花语——新媒体视域下非遗缠花的认同与发展对策研究	重庆市大学生创新创业训练计划立项	省级	2022年9月
24	巴山峡川——城口鸡鸣贡茶农业农村现代化和斯里兰卡跨境电商的先行者	第十二届全国大学生电子商务创新创意及创业大赛省级特等奖	省级	2022年7月
25	非遗童学荟	第十二届全国大学生电子商务创新创意及创业大赛省级特等奖	省级	2022年7月
26	锦上花——非遗手工文创产品助力乡村振兴	第十二届全国大学生电子商务创新创意及创业大赛省赛一等奖	省级	2022年7月
27	与"食"俱进——当代大学生"智慧"食堂与"绿色"餐饮的开拓者	第十二届全国大学生电子商务创新创意及创业大赛省赛一等奖	省级	2022年7月
28	龙印象——非遗皮艺的复燃与国际传播	第十六届iCAN全国大学生创新创业大赛重庆赛区一等奖	省级	2022年8月
29	此花始盛开——非遗文娱的创新与突破	第十六届iCAN全国大学生创新创业大赛重庆赛区一等奖	省级	2022年8月
30	川流渝音,风雅生声	第十六届iCAN全国大学生创新创业大赛重庆赛区二等奖	省级	2022年8月
31	墨点汉书——新时代HSK汉考宝典	第十六届iCAN全国大学生创新创业大赛重庆赛区二等奖	省级	2022年8月
32	木版记忆——非物质文化遗产"木版画"的庚续与突破	第十六届iCAN全国大学生创新创业大赛重庆赛区二等奖	省级	2022年8月
33	荣昌夏布创意工作坊	第十六届iCAN全国大学生创新创业大赛重庆赛区二等奖	省级	2022年8月
34	拾音——推动方言保护及方言交流平台	第十六届iCAN全国大学生创新创业大赛重庆赛区二等奖	省级	2022年8月

续表

序号	项目名称	所获奖励或立项名称	等级	时间
35	溯林寻新——国内森林教育的理念回归气模式创新	第十六届 iCAN 全国大学生创新创业大赛重庆赛区二等奖	省级	2022年8月
36	二十四节气蒙正堂——致力于打造青少年沉浸式非遗学习	第十一届科慧杯研究生创新创业大赛省级一等奖	省级	2022年12月
37	一路嫩芽——以茶裕农的跨境电商桥	第十一届科慧杯研究生创新创业大赛省级三等奖	省级	2022年12月
38	佳孢荚：循环经济新业态与吴茱萸产业联动发展助力乡	第八届中国国际"互联网+"大学生创新创业大赛重庆赛区银奖	省级	2022年8月
39	锦上花村——振兴千年非遗缠花"育人跨境"联动电商先行者	第八届中国国际"互联网+"大学生创新创业大赛重庆赛区银奖	省级	2022年8月
40	龙印象：非遗皮艺的成渝复燃与国际传播	第八届中国国际"互联网+"大学生创新创业大赛重庆赛区银奖	省级	2022年8月
41	芳馥中华：非遗香道文化传承与创新的引领者	第八届中国国际"互联网+"大学生创新创业大赛重庆赛区铜奖	省级	2022年8月
42	锦上花——千年非遗缠花"惠农寓教"助力乡村振兴	第十三届挑战杯重庆赛区金奖	省级	2022年7月
43	龙印象——新时代温州皮艺非遗的创新复燃	第十三届挑战杯重庆赛区金奖	省级	2022年7月
44	酣然入梦——自然音乐助眠疗愈 spa	第十三届挑战杯重庆赛区铜奖	省级	2022年7月
45	新时代大学生网络流行语使用的现状与对策——基于重庆7所高校的调查数据	重庆市大学生创新创业训练立项	省级	2021年6月
46	儿童传统文化教育存在的问题及对策研究——以国学经典教育为例	重庆市大学生创新创业训练立项	省级	2021年6月

续表

序号	项目名称	所获奖励或立项名称	等级	时间
47	飞鹰走马	第十届重庆市科慧研究生创新创业大赛市级二等奖	省级	2021年12月
48	汉语帮——职业中文教学平台	第十五届iCAN全国大学生创新创业大赛重庆赛区一等奖	省级	2021年10月
49	佳孢黄——循环经济与双孢菇培育技术在吴茱萸	第十五届iCAN全国大学生创新创业大赛重庆赛区一等奖	省级	2021年10月
50	HSK汉考宝典	第十五届iCAN全国大学生创新创业大赛重庆赛区二等奖	省级	2021年10月
51	东游记——国际学生的无障碍汉语阅读指导专家	第十五届iCAN全国大学生创新创业大赛重庆赛区二等奖	省级	2021年10月
52	陌上花开	第十五届iCAN全国大学生创新创业大赛重庆赛区二等奖	省级	2021年10月
53	大梦想家——新高考逐梦计划	第六届中国国际"互联网+"大学生创新创业大赛重庆赛区银奖	省级	2020年9月
54	訇然中开	第六届中国国际"互联网+"大学生创新创业大赛重庆赛区铜奖	省级	2020年9月
55	律光——找到你的云同桌	第六届中国国际"互联网+"大学生创新创业大赛重庆赛区铜奖	省级	2020年9月
56	奕鸣教育	第十届全国大学生电子商务创新创意及创业大赛重庆赛区一等奖	省级	2020年7月
57	律光	第十届全国大学生电子商务创新创意及创业大赛重庆赛区二等奖	省级	2020年7月
58	龙印象	成渝留学生创新创业大赛总决赛一等奖	省级	2023年5月
59	汉阅府——个性化中文学习体验的智慧阅读平台	第十三届全国大学生电子商务创新创意及创业大赛重庆赛区二等奖	省级	2023年6月
60	海纳汉语——HSK一站式汉学平台	第十三届全国大学生电子商务创新创意及创业大赛重庆赛区二等奖	省级	2023年6月

（二）获奖项目特点分析

1."双创"项目与中文专业相关度高，结合中文专业进行创新创业实践特色鲜明

这一特点主要体现在项目的主题、内容、形式和目标上，即项目与中文专业的知识、技能、方法和价值有密切的联系，能够展示中文专业学生的专业素养和学科特色。代表性项目如下。

芳馥中华：该项目以中国传统香道为主题，通过创作香道诗歌、制作香道视频、开展香道讲座和体验活动等形式，传承和弘扬中国传统香文化，同时与国外友人进行跨境交流，推广中国香道文化。

川流渝音：该项目以重庆方言为主题，通过收集、整理、分析重庆方言的语音、词汇、语法、语用等特点，编写重庆方言词典和教材，开发重庆方言语音识别和翻译软件，开展重庆方言保护和推广活动，展示重庆方言的魅力和价值。

东游记：该项目以初级汉语水平国际学生为对象，通过设计有趣的阅读材料和任务，结合人工智能技术和互动游戏模式，提供个性化的阅读指导和反馈，提高国际学生的汉语阅读能力和兴趣。

汉阅府：是一款智慧化汉语阅读应用产品，旨在解决汉语资源与学习者个性需求相匹配的问题，为汉语学习者提供智慧阅读服务，是一个致力于提升汉语学习者阅读体验和阅读能力的创新项目。该项目通过深度调研全球汉语学习者的阅读需求和类型偏好，分析预测汉语阅读的市场容量和未来发展趋势。项目依托四川外国语大学的多语种学科优势和学科资源，聘请相关专业教授指导，征集相关专业人才；同时充分利用 AI 技术收集整合汉语阅读资源，全力打造智能化、创新型汉语阅读教育产品。该项目主要为中文学习者提供个性化服务和智慧化内容，主要子项目包括 HSK 阅读训练、汉语泛读训练、虚拟阅读云课堂、VR 阅读、智慧阅读评价和专家视频课等。根据读者的汉语水平和阅读偏好，推送相关阅读内容，以提升他们的阅读体验，提高他们的汉语阅读能力，进而让他们更加了解中国文化，读懂中国故事。

2."双创"项目多属于文化创意类项目，以弘扬和传承中华优秀传统文化为使命

这一特点主要体现在项目的创意性、原创性、独特性和影响力上，即项目能够从中华优秀传统文化中汲取灵感，创造出具有新意、新形式、新价值的文化产品或服务，并能够吸引和感染更多的人参与和支持。代表性项目如下。

印迹：该项目以印章文化为主题，通过搭建一个集印章设计、制作、展

示、交流、教育于一体的在线平台，提供多样化的印章产品和服务，满足不同用户的需求，促进印章文化的传播和发展。

二十四节气蒙正堂：致力于打造青少年沉浸式非遗学习平台。该项目以二十四节气为主题，通过构建一个集非遗知识、技艺、活动于一体的沉浸式学习环境，让青少年在互动体验中感受非遗之美，增强非遗之爱，达到培养非遗之才的目的。

锦上花：该项目以缠花技艺为主题，通过培训当地妇女掌握缠花技巧，结合现代设计理念和市场需求，创作出具有民族风格和时尚元素的缠花手工文创产品，如饰品、服装、家居用品等，帮助妇女增收致富，同时推动缠花技艺的传承和创新。

九畹芳兰坊：工作室立足中华民族五千年悠久历史文化，以弘扬中国兰花文化为使命，致力于在青少年群体传播中华传统文化。工作室计划构建九畹芳兰坊国兰文化互联网平台，通过网络打造新颖动态的中国兰花文化体验空间。平台设有中国兰花文化基础知识、名家花艺、兰花习俗等丰富内容，并开设中国兰花文化社群，组织线上线下交流活动，充分融合新科技与传统文化。

3. "双创"项目公益性特征明显，体现出当代大学生鲜明的社会责任担当

这一特点主要体现在项目的目的、内容、形式和效果上，即项目能够关注社会问题，服务社会需求，为社会贡献价值，体现出学生的社会责任感和公民意识。代表性项目如下。

大梦想家：该项目以农村学子为对象，通过建立一个集新高考政策解读、专业选择指导、志愿填报辅导、心理健康支持于一体的线上线下综合服务平台，帮助农村学子规划未来，实现梦想。

佰老慧文化养老工作室：该项目以老年人为对象，通过开展各种文化活动，如阅读、写作、绘画、唱歌、跳舞等，激发老年人的文化兴趣和创造力，并提供心理咨询和陪伴服务，改善老年人的生活质量和幸福感。

育金香山区儿童公益项目：立足教育扶贫与公益事业，致力于为偏远山区孩子提供丰富的中华传统才艺学习机会。项目通过网课和志愿者下乡教学两种模式，向山区小学传授书法、国画、剪纸、中国结等课程，使孩子们领略中华文化的魅力。目前，大多数偏远山区教室拥有多媒体设备，有条件进行网课教学；对于设备短缺的少部分学校，项目会派出志愿者进行线下教学，保证每一个孩子都能公平地享有学习机会。

4. "双创"项目体现出一定程度的跨学科合作意识，如中文+教育学、中文+信息技术处理、中文+外语等

这一特点主要体现在项目的团队组成、资源整合、方法运用和成果展示上，即项目能够跨越专业界限，利用不同学科的知识和技能，解决复杂的问题，并形成具有跨学科特色的创新创业成果。这些跨学科的创新创业项目，不仅体现了中文专业学生的综合素养和创造力，也拓展了中文专业的应用领域。代表性项目如下。

汉语帮：该项目以职业中文教学为主题，通过整合中文专业和教育专业的资源和优势，开发出一套针对不同职业领域的中文教学课程和教材，并利用信息技术搭建一个在线教学平台，为学习者提供专业化的中文培训服务。

星汉之行：该项目以 HSK 考试为主题，通过整合中文专业和外语专业的资源和优势，编写出一套全面覆盖 HSK 各级别考点和难点的汉考宝典，利用多媒体技术制作出一系列寓教于乐的汉考视频、音频、动画等，并通过微信公众号、抖音等平台进行传播和推广，为广大汉语学习者提供有效的汉考辅导和备考服务。

第三节　新文科理念下中文专业专创融合典型示范案例经验与启示

从创新创业教育理念、创新创业教育举措以及长期而执着的坚持中，我们可以得出以下关于中文专业创新创业教育的经验与启示。

一、顶层设计：明确目标、理念和路径

顶层设计是专创融合教育的基础和前提，需要明确人才培养目标、理念和路径。中文专业专创融合教育模式以中文专业教育和"双创"教育为双核，以培养具有中国情怀、国学根柢、创新能力三维合一素养的一流国际中文人才为目标，以"双核三维六化"为理念，以"课程体系化、师资专业化、双创竞赛系统化、实践活动品牌化、实践平台基地化和双创机制制度化"为路径。这种顶层设计体现了对时代需求和学科特点的深入把握，对人才培养规律和学生成长规律的科学认识，对高等教育改革发展趋势和国际前沿动态的及时跟进。

二、一流课程：构建阶梯式、交叉型、项目制课程体系

一流课程是专创融合教育的主渠道和核心载体，需要构建阶梯式、交叉型、项目制课程体系。中文专业专创融合教育模式分阶段开设"双创"通识课、"专创融合型"专业课、"双创"实训课，形成从基础到高阶、从理论到实践、从通用到个性的阶梯式课程体系；分类推进课程教学改革，深度探索"课程思政"教学改革，将德育元素融入课堂教学，开设"地名文化"等学科交叉型课程，拓展学生的创新思维；创立基于"项目制"教学的实践教学四模块，将科研、竞赛、创业等项目作为课程的重要组成部分，让学生在"做中学"培养"敢闯会创"的拼搏精神和创新创业能力。

三、实践教学：充分发挥竞赛的育人作用，打造品牌活动和高水平平台

实践教学是专创融合教育的重要内容和有效途径，需要充分发挥竞赛的育人作用，打造品牌活动和高水平平台。中文专业专创融合教育模式建设以中国国际"互联网+"大赛为龙头，以"挑战杯""创青春""大创计划"和专业类高水平学科竞赛等品牌赛事为引领，从创意、创新到创业的"双创"竞赛全链条体系，建立专业教育、思政教育与社会服务深度融合的"三全育人"模式；打造"汉语角""重庆地名大会""中外文化交流月""戏剧之夜""双创筑梦之旅"等近10项校内闻名、市内有美誉度的品牌活动，丰富校园文化生活，提升学生的综合素质；全力建设五类高水平实训平台，包括2个实训科研教学中心、5个央地共建专业实训室、5个文化创新学生社团、4类学科竞赛体系和36个海内外实习基地，为学生提供广阔的实践空间和优质的实践资源。

四、跨学科合作：注重师资团队建设，加强校本跨学科团队建设

跨学科合作是专创融合教育的有效方式和重要保障，需要注重师资团队建设，加强校本跨学科团队建设。中文专业专创融合教育模式以中文学科为核心，与外语学科、工商管理学科长期合作，形成了一支具有国际视野、多元背景、协同能力的高水平师资队伍；依托国家级教学科研项目专家团队、省级大学生创业示范基地和海内外实习基地业界导师，构建了"科研+产业+双创"的融合型师资团队；邀请海内外、跨校际、多学科师资深度参与实践

教学，打破校际界限，实现优质教学资源共享。

五、保障机制：完善人才培养方案，推进制度化建设

保障机制是专创融合教育的关键环节和持续动力，需要完善人才培养方案，推进制度化建设。中文专业从人才培养方案、拔尖人才培养计划、"双创"教育中心、激励制度等方面，建立了一系列专创融合教育的保障机制，旨在明确培养目标和要求，优化教学组织和管理，创新教学模式和方法，激发学生的学习兴趣和创新动力，提高学生的专业素养和"双创"能力。这些保障机制体现了对专创融合教育的重视和支持，为专创融合教育的顺利实施提供了有力的制度保障。

六、执着而长期的坚持：保持初心、勇于创新、不断完善

长期坚持是专创融合教育的动力和保障，需要保持初心、勇于创新、不断完善。中文专业专创融合教育模式是在十余年的深厚积淀和三载岁月的砥砺中建成的，体现了教学团队对人才培养的高度责任感和对专业发展的深刻洞察力。在实践过程中，教学团队始终坚持以学生为本，以质量为核心，以改革为动力，以创新为灵魂，不断探索适应时代变革和社会需求的专创融合教育新模式、新方法、新路径。同时，教学团队也不断总结反思，及时发现和解决存在的问题和不足，不断完善和优化专创融合教育模式，使之更加科学、规范、有效。

第四章

高校专创融合教育典型示范课程教学改革经验

第一节 专创融合视域下"创新创业导论"课程教学改革探索与实践

一、课程简介

(一) 课程概况

"创新创业导论"(简称"导论")是四川外国语大学"双创"教育示范课程,国家级一流专业建设重要支撑课程。课程为教育部全国高校就业创业金课(全国40门之一)、重庆市首批课程思政示范课(全市双创课仅两门)。教学团队为市级课程思政教学名师团队,来自中文、思想政治教育、教育学、工商管理、外语等5个学科,6个国家级一流专业师资;有重庆市学术技术带头人、博士生导师2人、硕士生导师6人;有全国优秀社会科学普及专家、共青团重庆市委青年讲师团成员。课程以"寓德于课"模式深耕教学创新,教学案例获市级优秀课程思政案例特等奖(校唯一),改革成效获市内外专家高度评价。

此课程为本科生"双创"必修课,开设六年来,以"导论"为核心的"双创"课程群直接培育1900多项学生文创项目,获三创赛全国特等奖(获奖比万分之三)、全国一等奖(获奖比万分之五)等对文科专业而言殊为不易的国家级、省级奖283项(占全校同类竞赛奖总数近65%),其中国家级获奖35项、"互联网+"大赛省级奖47项。"导论"是省级教学成果(双创教育)二等奖核心支撑课程,助力学校汉语国际教育等6个国家级一流专业双创教育改革;课程团队应邀到校内外近20个二级学院推广课程育人经验,示范辐射面广。"导论"是全国同类外语院校中特色鲜明、成果显著的"双创"金课范本。

(二) 课程特色

"导论"遵循学校国际化人才培养定位,提倡践行"双创"教育是基于新文科的"专业教育、思政教育与双创教育"三融合的"价值创造"教育理念。课程以省级一流学科"外语学科"和省级重点学科"中文学科"为支撑,以央地共建传统文化体验研究中心、省级人文社科普及基地为依托,从"厚植家国情怀、拓宽国际视野、浸润人文底蕴和培养双创思维和实践能力"三位一体课程目标出发，突出传统文化浸润，融入跨学科思维，是一门将"双创"课堂教育、竞赛体验和训练实践相融合的特色课。课程尤其强调新文科建设的价值塑造、学科交融、学以致用，以"思想铸魂""实践育才""创新赋能"为鲜明特色。

思想铸魂：坚守"立德树人"根本，以"红色青春筑梦创新创业"为主题，将思想政治教育"寓"于全程。

实践育才：围绕外语类专业培养所必备的核心素养和核心能力，对应构建高阶实践活动，重塑教学模式和教学组织。

创新赋能：以广义"双创"教育为特色，以"师生共同体"促进学生高阶实践能力养成，提升学生基于专业的创新创造能力。

课程建设历程如图 4-1 所示。

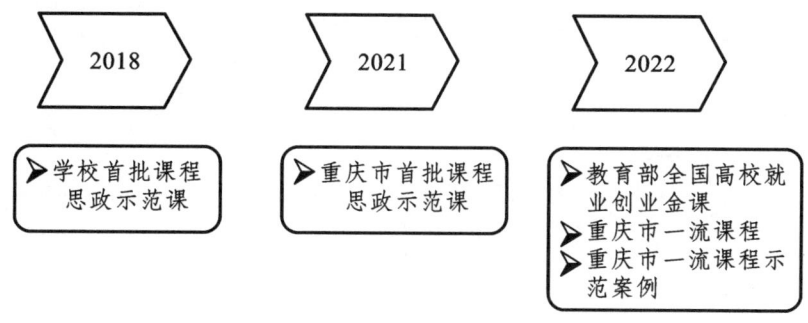

图 4-1 课程建设历程

二、课程教学改革路径探索与实践

（一）教学模式

为了回应"双创"课程教学面临的症结，"导论"以金课"高阶性、创新性、挑战度"标准为纲，结合学校学科优势和专业特点，确立价值塑造、能力培养、知识传授三位一体课程建设目标。创立"三融合"理念下"寓德于课""六位一体"教学模式，经六载实践，探索文科院校双创教育铸魂育才路径。

"三融合"理念指课程改革创新的指导理念，具体含义：一是"思创融合"，德育元素融入润物无声，提升课程温度。重点将习近平新时代中国特色社会主义思想、爱国主义为核心的民族精神、党史学习教育、优秀传统文化深度融入课堂。二是"专创融合"，深度挖掘专业教育中的"双创"元素，提升课程深度。将专业前沿、外语特色和国际创新创业方法融入课堂。三是

"赛创融合",构建"课—赛—研—创"合一的实践教学新范式,提升课程难度。深度融入中国国际"互联网+"大学生创新创业大赛内容,将课程、大赛、科研和创新实践融为一体。

"六位一体"教学模式指"导论"课程改革举措,即在教学标准、教学内容、教学方法与实施、实践教学、考核评价和教师言传身教等六个核心教学环节寓德于课(如图4-2所示),引导学生以外语优势和专业所学参与"双创",弘扬和传播中华优秀传统文化,持之以恒地拼搏,实现创意、完成"双创"项目,实现人生梦想,为中华民族的伟大复兴贡献青春热血。

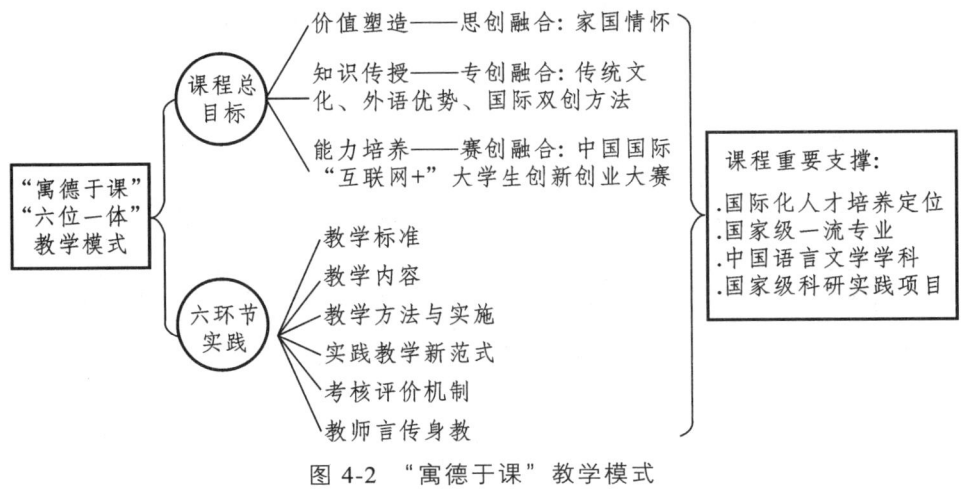

图4-2 "寓德于课"教学模式

(二)铸魂育才路径探索

1. 重塑"专思创"融合的课程教学标准

以《高等学校课程思政建设指导纲要》、一流课程标准和"双创"课程教学标准为纲,深入挖掘课程自身的思想政治教育内涵,将价值塑造、能力培养、知识传授的课程目标融为一体。建立具有思政元素、专业素养深度融入的"导论"教学标准,编制教学新大纲,制定课程考核评价新标准。

2. 重构"专思创"融合的"主题式"教学内容

首先,以三融合理念重构教学内容。第一,深度融入思想政治教育元素。深度提炼课程蕴含的民族精神、社会主义核心价值观、传统文化等元素,力争德育元素的融入恰如其分。第二,深度融入专业教育、外语优势、国际"双创"方法等内容,突出课程国际视野。第三,与"互联网+"大赛融合,引导学生参与"双创"实践。

其次,建立课程主题式教学模块,分为"双创"理论和方法、"双创"模拟训练和创业计划书写作、"外语+""双创"训练与实践、文创项目的演示与实践、"外语+"科创竞赛训练与实践等五部分,突出实践教学比重。

3. 探索融现代技术的"小班化—探究式—小组合作式"教学模式和教学方法

坚持以学为中心,小班化组织课堂,每班人数在 25 人以内。采用学习通等智慧工具,深度运用探究式的"小组合作学习"法。引入国家级线上一流课程和省级一流课程作为学习资源,探索混合式教学改革,切实增强教学感染力,让学生在参与中培养"敢闯会创"能力。

4. 创立"课—赛—研—创"合一的实践教学新范式

以"课程实践化,实践课程化"的理念,将"互联网+"大赛、挑战杯竞赛、大创训练计划等高水平竞赛内容有机融入实践教学,建立"课—赛—研—创"实践教学范式。组织"重庆地名大会""汉语角""中外传统文化月"等高阶实践活动,激发学生参与热情,孵化高水平成果。同时,常态化邀请市内外知名专家、业界导师开展实践研讨课,拓宽学生视野,启迪跨学科思维。

5. 构建"三维四化"考核评价体系

与"导论"教学创新相适应,建立知识、能力与德育考核并重的"三维四化"考核评价体系。"三维":构建多目标,即价值塑造、知识传授、能力培养三者深度融合的考核目标。多方式:定量与定性相结合,形成性与结果性相结合的评价方式。多主体:学生自评、小组互评、教师评价、专家评价的多维评价主体。"四化":考核过程全程化、考核内容实践化、考核形式多样化、考核标准德育导向化。

6. 以教师的高尚师德、无私奉献铸魂育人

在课堂教学、课后辅导、竞赛指导等全过程教学环节,教师无私奉献,身体力行,实施"课程思政"。坚持关爱每一名学生,一对一全心指导,温润每一名学子的"双创"成长路。如团队中的王琥老师,十四载如一日,无私深耕学生社会实践和假期竞赛辅导,千里家访、本科生组会、构建四年师生学习共同体等,如家人般关爱学子,累计一对一辅导学生学业、竞赛近 1 万人次,指导学生获国家级、省级竞赛奖超过 450 项,指导数十名学子考入北京大学、北京师范大学、上海交通大学等高校深造。

三、案例成效

（一）经验与创新

1. 课程理念创新

以新文科理念下"专思创"融合作为课程顶层设计，探索厚植家国情怀；润物无声的外语院校"双创"金课路径。

2. 师资建设创新

建成文理交融、校内外融合的"虚拟教研室"。校外：每学期常态化、制度化邀请8~10位高校专家、业界导师深度参与课程实践教学，产教协同育人；校内：建立跨院系、多学科授课团队。

3. 实践教学范式创新

创立"课—赛—研—创"合一模式。首倡文科广义"双创"教育，将教师科研项目、学科竞赛体系纳入实践教学，突破文科"双创"教育固有范式，拓展实践教学的广度和深度。

4. 铸魂育才的"双创"金课范本

以"寓德于课"模式率先践行新文科视域下有灵魂、有使命的"双创"教育。强调"双创"教育的价值性、思想性、超越性、使命性和灵魂性，以"情浸式"社会实践推进课程思政，将"中华魂""红色筑梦"等主题活动融入教学，厚植家国情怀。

5. 师爱育人的初心砥砺

坚持"小班化—探究性"教学，坚持对学生一对一精细化指导；建立"师生学习共同体"，大学学业生涯四年不间断关注每名学生的创新创业实践，全心指导每名学生的学业发展。

（二）铸魂育才突出成效

"导论""寓德于课"模式和育人成效获多位市内外专家较高评价。团队中王琥老师两度入围重庆市高校"双创"教育明星候选人，获重庆市本科高校教学新星奖（全市仅五名教师入选）。十四载初心如磐，忘我奉献，砥砺推进创新创业教育的事迹获市教委专家组高度赞誉。

"导论"评教分数高，雄踞全校通识课前5%、全校同类课程第一，每学期均有学生自发到课旁听，学生普遍反馈"导论"是有情、有义、有深度的课堂。课程团队受邀到重庆三峡学院、重庆外语外事学院和本校英语学院、新闻传播学院等近 20 个教学单位交流"双创"经验，指导青年教师参与创新创业教育。

具体而言，课程在铸教、育人、铸魂方面成效突出：

（1）建设了高水平"专思创"融合型教学示范团队，形成"双创"示范课程群。课程团队获市级首批课程思政教学团队；建成"语言与文化""CDIO 理念下创新创业训练"等 7 门"双创"通识课和专创融合课，其中省级一流课程、省级课程思政示范课 5 门。团队获省级、校级教学成果奖 4 项，主持省级重大、重点教学改革项目（双创教育）6 项，获优秀指导教师奖 40 余项。

（2）以"师生学习共同体"模式，精细化指导学生，培育高水平学业成果。近六年，"双创"课程群直接孵化学生项目获国家级、省级竞赛奖 280 余项，学生获得"双创"奖学金，"双创"研修资助 150 余个团队，获省级创新能力先进个人近 30 人，以优异的学业成果助力学生实现更高质量的考学、就业。

（3）助力专业美誉度提升，为学校争得荣誉。课程的 280 余项"双创"获奖成果成为学校专业评估和一流专业建设的重要支撑。在近十年的"互联网+"大赛、挑战杯等竞赛中，每年全校参赛团队总数 25%（均）、省级获奖项目总数近 65%、国家级获奖项目总数的 90%，均来自课程王琥老师所指导的项目；在省级"双创"决赛中，王琥老师的获奖项目数居全市第一。近三年，教学团队主讲、组织 40 多场讲座，所指导学生来自全校各院系和校外 20 余所高校，受益面广。2019 年和 2020 年连续两年，在中国高等教育学会发布的全国高校学科竞赛榜纳入评价的四川外国语大学学生国家级重要获奖中，仅王琥老师一人所指导的获奖数独占全校总数近 1/4。

（4）最为重要的是，课程坚持立德树人，赓续红色血脉。"导论"将中华魂厚植于学子血脉，将中华文化浸润于学子骨髓，将专业素养熔铸于每名学子个性化成长和终身发展。培养的优秀毕业生在中外人文交流、中华文化传承等报效家国的伟大事业中砥砺奋进。

四、课程建设未来计划

课程组将铭记为党育人、为国育才使命，以"思想铸魂、实践育才、创新赋能"推进教学创新，将课程建设为有温度、有深度、有挑战度的国家级金课范本。

（一）坚持科研学术引领课程建设

将学术前沿知识有机融入教学，提升课程高阶性，注重理论教学与科研实践结合；持续创新教学模式，革新课程考核评价机制。

（二）探索新文科视域下"文理融通"的协同育人

推进校内外多学科协同育人的教学团队建设；推进人文学科与人工智能等理工类学科融通，启迪学生"文理融通"的创新意识和科学精神。

（三）优化课程在线资源和科研育人资源

强化课程在线资源建设，推进深度融合国家级一流线上课程资源的混合式教学改革；建设学生"双创"项目典型案例库，出版混合式教材和"双创"育人案例集。

（四）持续改进教学方法与模式

将现代教学技术与小组合作学习深度融合；开展多种形式的"情浸式"实践教学，让学生身临其境，升华思想，增长才干。

（五）高阶社会实践支撑强课

持续建设"地名大会"等市内有美誉度的学生实践精品活动；培育"互联网+"大赛高水平文创项目，探索文科专业"双创"教育典型经验。

（六）突出"双创"国际化特色

引入国际"双创"教育经验，探索课程双语教学；培育有国际特色、示范效应的"双创"项目，以国际化特色文创项目传播和弘扬中华优秀传统文化。

第二节　专创融合视域下"地名与文化"课程教学改革探索与实践

一、课程简介

"地名与文化"是国家级一流专业建设点汉语国际教育专业面向本科三

年级学生开设的专业核心课。课程为重庆市课程思政示范课，遵循外国语大学国际化人才培养定位，依托省级重点学科中文学科和省级"数字人文体验"特色学科群建设，融合国家社科基金重大项目"地名研究"开展科研育人，以省级人文社科示范普及基地"川外地名研究中心"开展实践育人，培养学生传承地名文化遗产，守护地名文脉的人文素养和专业能力。课程将党的二十大精神有关文化遗产保护的论述有机融入，以省级高等教育教学研究重大项目"中文专业实践教学"开展教学创新，是一门特色鲜明的高阶应用型课程。

二、课程建设思路

在专创融合视域下，课程从"厚植家国情怀和人文底蕴，启蒙创新精神和科学意识，深化学生地名学理论知识，训练基于专业的科研能力，培养保护传承地名文脉的高阶实践能力"教学目标出发，将价值塑造、知识传授和能力培养三者有机融合，将坚定学生文化自信、讲授地名学前沿知识、培养科研和高阶运用能力真正融为一体。建立"课程教学—竞赛实训—科学研究和创新实践"（简称"课—赛—研—创"）"四位一体"教学模式，建成外语院校语言文化类课程思政典型范本。

课程旨在引领学生更加珍视中华文脉，运用所学致力科研和实践创新，用专业所学服务语言文化普及事业，坚定守护和传承地名非物质文化遗产，培养具浓郁家国情怀、高阶实践能力和创新能力的高素质复合型国际中文人才。

三、课程教学改革探索

"地名与文化"是科研项目转化为课程的育人典范案例。课程直接来源于国家社科基金重大项目，依托重庆市教学改革重大项目。教学团队从课程的教学目标、教学内容、教学方法、实践教学、考核评价、实践指导等六方面进行教学改革，建立"课—赛—研—创"教学模式。引导学生自觉运用所学致力科学研究和创新实践，坚定守护和传承中华文化基石。课程总体教学设计如图4-3所示。

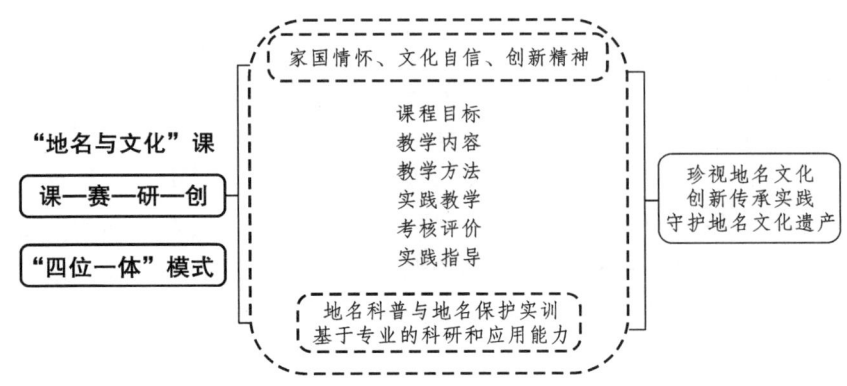

图 4-3 地名与文化"课—赛—研—创"教学模式

课程教学改革实践具体举措为：

第一，重塑教学目标，坚持实践育才。将培养学生坚定传承和创新保护地名非物质文化遗产这一教学目标深刻"溶"入课程教学，坚持让学生在社会实践中厚植家国情怀，提升专业高阶能力。

第二，革新教学内容，有机融入德育。以"课程实践化"的理念重构课程内容，建设"情浸式社会实践、科研训练和地名文创"三类实践课程内容体系。首先，深度挖掘历史地名背后的人文底蕴和求知求真的科研精神，开展启迪学生心灵、滋养学生专业发展的情浸式社会实践。其次，有机融入地名学学术前沿知识，通过最新科研成果来启迪学生创新思维和科研意识，激发科研主动性，开展科研训练实践。同时，课程内容深度融入党的二十大精神，尤其是党的二十大报告中关于文化遗产保护的重要论述；结合党的二十大精神，深度融入现实中地名非物质文化遗产保护范例和"互联网+"大赛文化创意典型案例，引导学生关注地名文化传承，以创新实践探索地名文化遗产传承路径，开展地名文创实践，提升学生面向海内外传播地名文化的能力。

第三，创新教学方法，推进课程思政教学创新。首先，采取小班化组织课堂和小组化田野考察实践。加强对每名学生的针对性实践指导，因材施教。其次，创新运用小组合作学习（TBL）教学法，开展探究式学习，强化师生互动、生生互动，培养学生团队精神和研究能力。最后，将现代教学技术手段应用于教学。运用"学习通"等智慧教学工具，引导学生深度参与，在实践中启迪新知。

第四，强化产学研协同，打造"科学研究+语言产业+创新实践"相融合的品牌实践活动。与民政部区划地名司、重庆市社科联、重庆市语委、重庆市民政局、重庆市人文社科普及基地、重庆区划地名文化展示馆等多家专业机构和相关企事业单位密切合作，共建课程实训基地，合力打造"地名大会""地名文创工坊""汉语角""汉语桥"等有一定美誉度和影响力的精品竞赛和实践活动，启动"地名数字化人文体验"科普活动建设。

第五，建立"五化"课程考核评价新机制，强化德育导向。"五化"即坚持考核过程全程化、考核内容综合化、考核形式多样化、评价主体多元化、考核标准德育导向化。首先，切实加强学习全过程评价，将平时成绩比例提高至50%。其次，建立多样化评价机制，将学生参与课程相关的科研、创新实践、竞赛等五育实践活动纳入综合成绩。最后，完善小组实践成果综合考评机制。同时，探索评价主体多元化，邀请校外专家参与评价，重视学生自评。

第六，创新实践教学指导方式，教师言传身教实施"课程思政"。建设地名文创社团，建立"地名师生学习共同体"，常态开展寒暑假期线上论坛和"云研修"，以丰富社团活动和全年不间断的地名学习小组活动，加强课后对学生科研实践指导，引导学生广泛参与大创计划、"互联网+"大赛，获奖成果丰硕。教师全心投入课后辅导，生动实施课程思政，让课后实践有方向、有温度、有成效。

四、课程建设特色与创新

（一）课程特色

创立特色鲜明的"四位一体""课—赛—研—创"教学模式。将启迪科学精神、讲授地名学前沿知识、培养科研和高阶运用能力真正融为一体，推进学生用专业所学服务社会、传承文化。师生服务社会、海内外传播和弘扬地名文化的科普实践受到新华网、重庆发布主流媒体的广泛关注，产生了积极反响，建成了外语院校语言类课程的课程思政典型范本。

（二）课程创新

第一，课程思政教学路径创新。将德育元素、专业教育、社会实践三者融入课堂，铸魂育人。在社会实践中厚植家国情怀，建成课程思政示范课。

第二，文理交融的师资建设创新。建成文理交融、校内外融合的"虚拟教研室"。推进海内外科研院所地名专家、业界导师和校本跨学院授课团队协同育人。

第三，教学方法和教学模式创新。运用"探究式—小组合作学习"法，构建"课—赛—研—创"合一实践教学新范式，开展系列精品竞赛和实践活动。以"师生学习共同体"全心指导每名学生的课后实践。

第四，创立"科学研究+语言产业+创新实践"的实践教学新范式。建成重庆地名大会、地名文创工坊、汉语桥等市内有美誉度的品牌文化活动。培育180余项学生地名科研、地名文创获奖项目，磨砺学生的钻研精神，升华为家为国、勇攀人文科学高峰的责任感、使命感。

（三）教学典型案例

1. 典型案例一

将德育元素与专业教育"情浸式"融为一体：讲述"历史地名对中华文化的重要意义"这一知识点时让学生以情景演绎，再现徐霞客矢志不渝、百折不挠探寻三江源的故事，让学生以传统书信手书"致徐霞客的一段话（致敬文化血脉中的家国情怀和至善至美的中国精神）"。课后以"历史地名的科学保护与活化传承"为主题撰写学期论文，"情浸式"启迪学生理解几千年来文人的家国情怀、担当精神应是每名学子人生价值的追寻和初心理想，创新传承地名文脉更是当代语言类高校大学生的使命和担当。

2. 典型案例二

以精品实践活动培育科研、文创项目，海内外弘扬地名文化：建成重庆地名大会、汉语桥等系列市内有美誉度的品牌活动；培育180余项学生科研、文创获奖项目，磨砺学生的钻研精神，升华为家为国、勇攀人文研究高峰的责任感、使命感，坚定文化自信。

五、课程评价与成效

经过六年的砥砺实践，课程改革建设成果如图4-4所示。

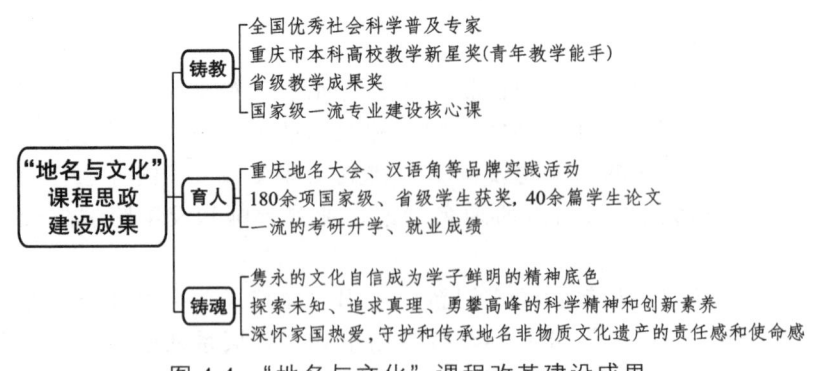

图4-4 "地名与文化"课程改革建设成果

第一，课程"铸魂育才"成效突出。课程将思想政治教育有机融入课堂，引导学生关注以地名文化遗产保护为代表的语言文化事业和实际语言问题，在与课程密切相关的国家级大创计划、本科生科研项目、"互联网+"大赛等学科赛事中，获国家级、省级奖励180余项，发表论文40余篇。

第二，课程形成较强的示范辐射效应。教学团队举办全国性地名研究学术会议3次，到多所高校开展地名文化讲座，课程建设成效得到市内外专家好评。

第三，课程师生实践成果助力地名文化科普，服务地方、传承中华传统文化成效突出。地名中心教师出版地名文化著作，师生参与中国语言保护工程和重庆地名文化遗产保护等重要社会服务项目，编撰地名工具书，培育"地名青年说""铭城志"等数十项向海内外推广地名文化的文创项目。师生地名研究实践成果广泛应用于政府机关、企事业单位，四川外国语大学地名中心获评重庆市人文社科普及工作示范基地。中心系列科普内容受到主流媒体广泛报道和关注。

六、课程建设未来计划

未来，课程组将继续以学习成果导向和持续改进的理念，全力推进课程改革，将"地名与文化"建设成为有情、有义、有温度的示范课。

第一，一流的课程思政示范教学团队。以"虚拟教研室"形式全力推进课程师资建设。邀请海内外专家指导，不断提升教师专业和德育能力，常态化开展校本教学研讨，建成省级课程思政示范团队。

第二，一流的课程思政教学资源。全力建设课程对应的线上慕课资源和虚拟仿真实训项目，搜集汇编学生地名科研、实践成果案例集，为学生提供线上线下融合的教学资源。

第三，一流的课程思政教研成果。以本课程为基础建设"地名与文化"类通识课示范课，推广本课程建设经验和建设成果，形成广泛示范辐射效应。

第四，一流的社会实践品牌活动。以课程的地名大会、汉语角、地名文创工坊等实践活动为基础，持续建设市内有一定美誉度的精品实践活动，助力学生高阶实践能力培养。

第五，一流的学生学业成果。以教师的高尚师德和突出的专业能力，砥砺奉献，全心指导助力每一名学子科研训练和社会实践，培养更多德才兼备的青年力量。

第三节 专创融合视域下"新文科专创融合训练与实践"课程教学改革探索与实践

一、课程简介

在广义创新创业教育理念和新文科"专思创"融合理念指导下,"新文科专创融合训练与实践"依托学校外语特色,以"价值观+专业能力+创新能力"融合型课程目标为指引,主要面向外语类等人文社科专业学生建设一门专创融合型"双创"通识课。

二、教学内容

课程分为五部分教学内容:"双创"基本理论与方法、国际创新方法训练和"双创"计划书写作与实践、专创融合训练与实践、专创融合型项目演示与实践、创新创业科创竞赛实践。通过本课程学习,可以实现知识、能力和价值情感三位一体的课程教学目标。在知识上,使学生能清晰地认识创新创业的意义,启迪创新思维,掌握国内外最新创新方法;在能力培养上,让学生在学习、工作、生活中能运用创新思维和创新方法解决问题,提升学生基于专业的创新实践能力的目标。在情感价值目标上,厚植学生家国情怀,将深怀家国热情、致力创新创业内化为青年学子的使命担当和坚定选择。具体如图 4-5 所示。

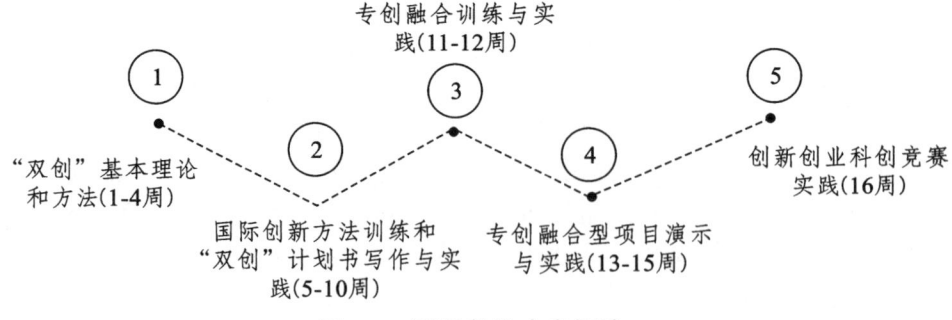

图 4-5 课程教学内容概述

"新文科专创融合训练与实践"课程教学内容如表 4-1 所示。

表 4-1 "新文科专创融合训练与实践"课程教学内容

周次	\"双创\"基本理论和方法板块	
	授课内容	学时分配
1	绪论 知识要点： 广义创新创业概念；创业者精神内涵；创业者精神与外语类学生生涯发展；"双创"相关竞赛简介；外语类专业创新创业典型案例。 教学重点及难点： 1. 广义创业精神的理解，重点把握广义创业是指创事业、创未来的能力；感知广义创业对学生自身生涯发展的启迪。 2. 创业者精神的本质内涵；创业者精神重要的鲜明本色；创业者精神对外语学习者个人成长的重要意义。 3. 外语类专业广义创新创业案例的阐释与解读	2学时
2	第一章 创新思维、能力和方法 知识要点：掌握创新的概念、分类，以及创新思维和创新能力的内涵；将创新方法运用到学习和生活中，不断提高创新的能力。 教学重点：创新的概念、创新思维的内涵和特点、培养创新能力的方法。 教学难点：学生创新能力的培养	2学时
3	第二章 创新创业竞赛与专业创新案例（外语类学生创新创业例） 知识要点： 高水平"双创"学科竞赛简介、参赛导向；参赛选题；团队组建；创业计划书调研；"双创"竞赛参赛材料；竞赛参赛流程简介；外语类专业"双创"竞赛参赛典型案例详细解读与回顾复盘。 教学重点： 1. 启迪基于所学专业设计"双创"项目的意识和思维。 2. 参赛案例解读与复盘。 教学难点： 评委眼中的优秀参赛选题所具备的要素	2学时
4	实践教学（一） 结合前三周所学内容查阅创新创业竞赛相关资料，组建课程小组，做好小组分工，通过调研等方式，初步拟定参赛选题，并着手搜集相关文献参考资料。 实践活动要求： 以小组为单位汇报实践情况	2学时

周次	国际创新方法训练和"双创"计划书写作与实践板块	
	授课内容	学时分配
5	第三章 创新方法（一） 知识要点：国际创新方法简介及创新趋势分析（设计思维、精益创业、TRIZ创新方法等）；重点讲授设计思维与创新实践理论与方法 教学重点：	2学时

续表

国际创新方法训练和"双创"计划书写作与实践板块		
周次	授课内容	学时分配
5	1. 设计思维基本知识。 2. 设计思维之需求理解。 3. 设计思维之问题定义。 4. 设计思维之思维发散。 5. 设计思维之原型设计。 6. 设计思维方法与工具。 7. 设计思维创业典型案例。 教学难点： 设计思维方法与工具	
6	第三章 创新方法（二） 知识要点：精益创业方法论的内涵与实践 教学重点： 1. 精益创业方法论的时代背景。 2. 精益创业的内涵与特征。 3. 精益创业主要框架与实施步骤。 4. 精益创业画布工具。 5. 精益创业典型案例。 教学难点： 1. 精益创业法与设计思维的区别。 2. 精益创业模拟训练	2学时
7	第四章 双创计划书写作与实践（一） 知识要点： "双创"计划书概述和制作前准备知识；"双创"计划书制作的四层次结构与十模块内容。 教学重点： 1. "双创"计划书重点章节写作与训练。 2. "双创"计划书特色内容写作与训练。 教学难点： "双创"计划书"产品与服务"章节写作模拟训练	2学时
8	第四章 "双创"计划书写作与实践（二） 知识要点： 外语院校专创融合型优秀文创案例分析与解读；"双创"高水平竞赛优秀文创项目解读。 教学重点及难点： 结合所学专业进行文创项目选题方向思考；结合专业特点和项目特点为文创项目拟名；设置双创计划书框架结构，突出专业优势	2学时

续表

国际创新方法训练和"双创"计划书写作与实践板块		
周次	授课内容	学时分配
9	第四章 "双创"计划书写作与实践（三） 知识要点： "双创"计划书、生产运营、公司管理、财务计划、风险控制与资本退出等章节写作。 教学重点 1. 创意阶段项目财务计划写作基本原则。 2. "双创"计划书附录部分写作与提升。 教学难点： 对于创意阶段项目如何写作生产运营、公司管理、财务计划等章节	2学时
10	实践教学（二） 结合所学，以小组为单位，共同合作完善项目选题，查阅资料，进行调研，形成文创项目摘要（800字以上），准备小组汇报。 实践教学要求： 提交小组实践成果材料	2学时
专创融合训练与实践板块		
周次	授课内容	学时分配
11	第五章 专创融合训练与实践 知识要点： 中外人文交流类、中华文化传播类文创项目专题解读与分析。 教学重点及难点： 启发学生基于专业发现问题的意识；指导学生结合专业研究实际问题，发现问题，进行科学研究或创业训练；培养专业精神和人文情怀	2学时
12	实践教学（三） 研讨与实践要点： 中外人文交流类、中华文化传播类文创优秀项目负责人现场交流与访谈研讨。 教学重点及难点： 从优秀项目负责人经验介绍中，启发学生基于专业发现问题意识；结合专业研究实际问题或设计文化创意类项目，进行创业模拟训练	2学时
13	第六章 专创融合型项目演与实践（一） 知识要点： "双创"计划演示的总体概述；创业计划书演示的逻辑与演示PPT；文创项目的特点与演示技巧。 教学重点：	2学时

续表

专创融合型项目演示与实践板块		
周次	授课内容	学时分配
13	1. 掌握并学会依据三步骤原则设计创业计划演示过程。 2. 归纳并掌握吸引风险投资者的演示思路和方法。 3. 理解创业计划展示PPT设计原则。 教学难点： 投资者与创业者对商业计划的关注点有哪些差异	
14	第六章 专创融合型项目演示与实践（二） 知识要点： 创业计划演示过程的四大核心环节与常见问题；文创项目的价值和情怀。 教学重点： 1. 掌握创业计划演示过程中需要把握的要点。 2. 了解创业计划演示四大核心环节基本内容。 3. 掌握如何演绎文创项目的价值和情怀。 教学难点： 学习并掌握编撰商业故事的技巧和方法；文创项目价值和情怀的挖掘提炼	2学时
15	第六章 专创融合型项目演示与实践（三） 知识要点："双创"项目模拟演示。 课堂安排：分小组展示（与本专业结合）的创业计划。 教学重点及难点：结合学生展示，通过精准点评提升学生对创业计划演示的理解；将文创项目路演知识转化为实际运用能力；将个人的创业梦想赋予创业项目价值和情怀	2学时

创新创业科创竞赛训练与实践		
周次	授课内容	学时分配
16	第七章 创新创业科创竞赛训练与实践 实践教学（四） 学生参与互联网+创新创业大赛、三创赛、挑战杯、大学生创新创业训练计划、本科生科研计划等参赛准备；创业计划路演答辩演练与诊断	2学时

三、课程教学组织

以"双创"教育是基于新文科的"专业教育、思政教育与双创教育"三融合的"价值创造"教育理念为指导，从"新文科专创融合训练与实践"课程的课程标准、教学内容、教学方法、实践教学、评价机制等五方面进行研究和实践,将思想政治教育有机融入课程教学培养全程,深度实践"德融教学"教学模式,厚植学生家国情怀,开拓国际视野,训练学生基于专业的"双创"思维,培养创新实践能力。在"双创"教育中实现与外语类专业教育的同频共振,打造新文科理念下外语院校特色的专创融合型"双创"课程范本,培育更多高显示度的专创融合型实践育人学生"双创"成果。

(一)以新文科理念为指引,结合外语专业教学实际,"定制化"设计教学内容

第一,教学内容结合外语专业育人目标,将中华优秀文化传承、中华文化海外传播的重要内容和案例,以专题的方式融入课堂教学,铸魂育人润物无声。第二,结合外语专业教育教学实际,专创融合,提升课程深度。在教学内容设计上,理论部分着力讲授国际创新创业方法,案例部分尽量选取和学生所学外语专业相关的"双创"案例来深度分析讲解,生动挖掘案例中所蕴含的创新创业元素,激发学生基于所学外语专业发现问题的意识和热情。第三,与外语类学生服务社会、报效家国的社会实践有机融合。坚持让学生将创新创业梦与服务社会融合发展,引导他们关注本专业的现实情况,发现实际问题,参与"双创"实践。

(二)以新文科理念为指引,增加课程实践教学比重,建设课程实践教学新范式

以培养学生基于所学专业的国际传播能力为实践教学目标,创立"教—赛—创"实践教学新模式,提升课程难度。通过大学生创新创业训练计划立项、中华文化多语种传播大赛、大学生"双创"竞赛、本科生科研立项等高阶精品实践活动,培育弘扬和中华优秀传统文化的国际化特色文化创意项目。

(三)以实现"价值创造教育"的理念,推进教学方法的改革与教学手段的创新

首先,坚持"以学为中心",将现代教育技术充分运用于教学,着力探索与专创融合课程教学相适应的混合式教学模式、体验式教学模式、情浸式教学模式;引入国家级线上精品慕课,将线上和线下、自主和协作等多种教学方式有机结合,实现教师引导与学生自主、知识传授与能力培养、理论学习与实践操作的有效融合;通过外语类创新创业优秀项目的案例分析、案例情景模拟演绎等方式,让学生亲身感受和参与创新创业过程中发现问题、解

决问题、团队协作等环节，激发学生的创新意识和创业热情；探索虚拟现实等技术手段，让学生沉浸在真实或仿真的创新创业场景中，增强学生对专创融合真实场景的代入感和体验感。

其次，探索部分专题教学内容开展双语教学，提升学生用外语讲好中国故事、传播中华文化的能力。通过双语教学，我们可以让学生真切了解和深刻认知国内外的创新创业案例和经验，培养学生的国际视野和全球竞争力。同时，我们也可以利用外语作为载体，向世界展示中国的发展成就和文化魅力，增强学生的民族自豪感。

最后，加强课程思政教学资源库建设，不断提升教学的感染力和生动性，"浸润式"厚植家国情怀。通过收集整理国内外优秀的创新创业人物事迹、经典案例、名言警句等素材，构建丰富多样的课程思政资源库，并根据不同专题灵活运用于课堂教学中，让学生在学习专业知识的同时，接受思想政治的熏陶和启迪，培养学生的社会责任感、创新精神和创业能力，激励学生为国家和民族的发展贡献自己的力量。

第四节 课程思政视域下"大学生创业教育"课程教学改革研究

探索高校创新创业教育的"课程思政"改革，推进思想政治教育与创新创业教育融合发展，具有重要意义。本节以最新的课程思政建设要求为指导，以四川外国语大学中文学院"大学生创业教育"课为例，研究创新创业教育的课程思政改革，深度挖掘创新创业教育类课程的思政内涵。从"大学生创业教育"的课程目标、教学内容、教学方法、教学实施、课程评价等方面进行研究和教学实践，将价值塑造、知识传授和能力培养三者真正融为一体，帮助学生塑造正确的世界观、人生观和价值观。力争实现思想政治教育在创新创业教育课中润物无声，探索塑魂与育才相融合的课程思政"德融课堂"模式，培育打造具外语院校特色的创新创业教育课程思政典型范本。

一、"大学生创业教育"[①]课程思政教学改革现状

"在全面推进中国特色社会主义高等教育建设和发展新的进程中，探究

---

① "大学生创业教育"为四川外国语大学 2022 年"三进"课程思政专项教学改革示范课程项目。

和把握各个学科的思想政治教育意蕴，弘扬和彰显立德树人的时代价值，构建协同育人的教学合力，使学生从所有课程中汲取智慧，坚定理想信念，夯实价值基础，保持昂扬斗志，有着十分重要的理论价值和实践意义。"① 创新创业教育是高校深化教育教学改革的突破口。在创新创业教育贯穿高校人才培养全过程中的背景下，探索创新创业教育类课程深度融入思想政治教育具有重要意义。"在创新创业教育的改革与发展中，引入'课程思政'的教育理念，既为以新思路、新方法为课程优化提供可能，也是思想政治教育发展完善的逻辑必然。"② 为此，我们以"大学生创业教育"课为例，研究探索创新创业教育的课程思政改革，培养具有家国情怀的高素质创新型人才。

"大学生创业教育"是四川外国语大学中文学院开设的通识教育必修课，是全校较早开设的"思想政治教育与创新创业教育融合型""专业教育与创新创业教育融合型"课程。"大学生创业教育"自开课以来，即探索课程思政建设，注重将以爱国主义为核心的民族精神、以改革创新为核心的时代精神、社会主义核心价值观、优秀传统文化等德育元素融入课堂，引导学生亲身参与创新创业实践，持之以恒努力实现创意到"双创"项目的孵化。"大学生创业教育"开设四年来，授课效果好，课程思政建设成效显著，课程评价高，实现了思想政治教育与创新创业教育相融合。课程引领学生亲身参与创新创业实践，在实践中磨砺意志品质，课程直接孵化 120 余项学生公益类文创项目，涌现中国"互联网+"大学生创新创业大赛、挑战杯创业计划竞赛等省级"双创"比赛获奖成果 40 余项。

在已有课程思政教学改革基础上，课题组以最新的课程思政建设要求，进一步研究实践创新创业课德融课堂"135"教学模式，创新推进具有外语类院校特色的创新创业教育"课程思政"改革，培育打造可复制、可推广的课程思政典型范本。研究探索思想政治教育与"双创"教育的深度融合。一方面，可以有效提升思想政治教育亲和力和针对性，让创新创业教育成为思想政治教育的生动实践。同时，为创新创业教育注入思想与灵魂，进一步增强创新创业教育的吸引力和感染力，激励更多学生亲身参与创新创业，推进高校创新创业教育改革纵深发展。

---

① 刘鹤，石瑛，金祥雷. 课程思政建设的理性内涵与实施路径[J]. 中国大学教学，2019（3）：59-62.
② 丁伟. 课程思政视角下的创新创业教育课程建设[J]. 东华大学学报（社会科学版），2018（4）：242-246.

二、"大学生创业教育"课程思政教学改革研究与实践

研究塑魂与育才相融合的"大学生创业教育"德融课堂"135"模式改革。具体而言，德融课堂模式是指："1"即在课程目标中以价值塑造、能力培养、知识传授三位一体的课程总目标为指引。"3"即在课程教学内容中坚持"三融合"的课程思政改革理念：一是家国情怀、社会主义核心价值观、优秀传统文化、创新创业精神等德育元素深度融入创新创业教育；二是创新创业教育与专业教育深度融合发展；三是创新创业教育与学生服务社会的实践深度融合发展，让学生亲身参与创新创业调研实践、公益双创等。"5"即在5个核心教学环节全程实践课程思政：在课程教学标准、课程教学内容、课程教学方法与实施、课程考核评价机制和教师的言传身教中体现思想政治教育元素，着力提升学生的课程学习体验、学习效果。我们从以下五方面做了研究与实践。

（一）研究具有思政教学目标的"大学生创业教育"课程教学标准

以教育部《高等学校课程思政建设指导纲要》和金课"高阶性、创新性、挑战度"标准为纲，深入挖掘"大学生创业教育"的思政内涵，确立价值塑造、能力培养、知识传授三位一体的课程建设总目标。研究确立具有思政元素深度融入的创新创业课程教学新标准，编制教学新大纲。在课程教学标准中分为知识目标和价值情感目标，强调两者并重。在课程标准的价值情感目标中，重点把握以下四个方面："第一，要培育大学生于创业过程中树立远大的理想、坚定的信念。第二，要培育大学生于创业过程中开阔视野、丰富知识。第三，要培育大学生于创业过程中保持高尚的品德、诚信守法。第四，要培育大学生于创业过程中开拓进取、艰苦创业。"[①] 比如，在创新思维这一教学章节中，教学目标不仅强调创新思维、创新方法等知识的传授，还注重学生对创新创业意义的思考，对当代大学生责任与担当的审视和反思。课程既让学生对感恩回报、无私奉献等价值观产生共鸣，也为之后的实践奠定了价值和情感基础。

（二）在课程思政"三融合"理念下改革"大学生创业教育"教学内容

"大学生创业教育"课的教学内容分为创新思维与方法、创业者与创业精神、创业计划写作、专创融合前沿和创业计划演示等五部分。在最新课程思政建设要求指导下，我们对教学内容作了以下改革：第一，教学内容深度

---

① 马俊平. 高校思想政治教育和创新创业教育协同育人研究[M]. 北京：中国水利水电出版社，2018：183-184.

融入思政教育元素。"创新创业教育培养大学生创业的基本素质，包括创业意识、创业精神、创业能力、创业品质等等，这些基本素质与思想政治教育的内容有着必然的内在联系。思想政治教育为创新创业教育塑造良好的创业品质和人格提供重要途径，在创新创业教育过程中形成的理想信念、艰苦奋斗的精神、团结协作的意识、良好的职业道德和心理素质等，这些恰恰是思想政治教育的重要内容，二者相互贯通。"[1]为此，我们充分发挥创新创业课程的德育功能，运用德育的学科思维，深度提炼课程中蕴含的民族精神、社会主义核心价值观、优秀传统文化、创新创业精神等德育元素，力争每一部分教学内容均有思政元素融入。第二，教学内容深度融入专业教育元素。实现创新创业教育和专业教育的融合是高校创新创业教育改革的必然趋势，是培养高素质创新人才的必然要求。在教学内容设计上，每一章节均精心选择和学生专业高度相关的应用型实际案例，深度挖掘案例素材中所蕴含的德育内涵和创新创业元素，激发学生基于专业发现问题的意识，培养学生运用创新思维和专业知识解决问题的能力。第三，教学内容与学生服务社会的公益双创实践有机融合。最新的课程思政建设标准指出，在创新创业教育课程中，要注重让学生"敢闯会创"，在亲身参与中增强创新精神、创造意识和创业能力。创新创业教育的实践教学对于学生意志品质提升、能力培养具有不可或缺的重要作用。在实践教学内容中深度融入德育元素，让学生参与公益类"双创"实践，让他们在实践中体验和磨炼，在实践中感悟和成长，促进他们从学生思维到社会思维的发展，进而提高思想政治教育的实效性和针对性。

（三）探索与课程思政相适应的"大学生创业教育"教学模式与教学方法

坚持以学生发展为中心，充分运用现代教育技术，着力探索与课程思政改革相适应的混合式教学模式、体验式教学模式、情浸式教学模式。采用"学习通""对分易"等智慧教学工具，综合运用翻转课堂、对分课堂等教学方法，切实增强课堂教学的吸引力和感染力，提高学生参与课堂和实践教学的积极性，让学生在亲身参与中培养"敢闯会创"的创新创业能力。加强课程思政教学资源库建设，采取线上和线下结合的方式建设课程教学资源库。通过一系列与课程思政相适应的教学方法改革，让思政元素如盐入水，真正融入课堂教学全过程。

---

[1] 王占仁，吴晓庆. 创新创业教育对大学生思想政治教育的重要贡献论析[J]. 思想教育研究，2016（8）：33-37.

（四）推进思政教育导向的"大学生创业教育"课程考核评价

"衡量'课程思政'融入创新创业教育的效果，就是通过合理的教学评价体系，评价创新创业育德的实效性。合理的评价体系要在反映创新创业教育效果的同时，满足'课程思政'发展要求。"[①] 在"大学生创业教育"课程考核评价方面我们做了以下探索：一是考试评价方式的改革，重视学习过程评价；二是突出学生创新创业项目的社会公益价值导向。具体做法是：第一，提高平时成绩比重，突出过程评价。同时，在期末考查中，形成有较强德育导向的课程考核评价标准。以非标准化答案类试题来评价学生对内含德育教学的课程内容掌握情况，考查思政教育教学效果。第二，在对课程所孵化的学生"双创"项目评价中，突出强调项目公益导向，强调项目应体现大学生的社会责任感等价值引领。

（五）以高尚师德、无私奉献的全过程育人，生动践行课程思政

在"大学生创业教育"的课堂教学、课后辅导、比赛项目指导等全过程教育教学环节，无私奉献，身体力行实践塑魂与育才相融合的"课程思政"。重视关爱每一名学生，重视"因材施教"，一对一精细化指导，温润每一个学子的创新创业成长路。我们的具体做法是：首先，每学期均提前开启课堂。在学期末即建立下学期课程的QQ群，提前启动课程教学活动。在假期里，课程组通过QQ群给学生推荐"双创"书籍、"双创"经典影片、线上精品慕课等学习资源，供他们自主选学；同时关心他们假期在家自学的情况，及时通过线上答疑指导。其次，注重因材施教，分类指导，打造有温度的教与学。在学期初，根据学生实际情况，一对一给予学习指导和个性化建议；在学期中，注重对学生课堂表现和课堂作业的及时反馈，一对一详细反馈学生课业情况，收集学生对于课程教学的建议，及时改进调整；在实践教学和比赛辅导中，教师无私奉献，全心指导，和学生团队同甘共苦、一同拼搏，创造更好成绩。

三、"大学生创业教育"课程思政教学改革经验

（一）课程思政"建设的基础在于高质量的一流"课程"

推进课程思政建设，首先必须要有一流的课程。没有好的课程作为基础，"课程思政"理念就成为无源之水、无本之木。尊重学科特点和课程自身规

---

① 朱丽．"课程思政"融入创新创业教育的价值耦合与路径探索[J]．吉林工程技术师范学院学报，2020（5）：1-4．

律，切实强化课程建设，提升课程育人实效是"课程思政"建设的根本基础。为此，在课程建设、教学实施、质量评价中，应注重有意识地将"价值引领"的增强和发挥作为首要因素，强化课程"育德"功能，切实加强课程本身建设，打造一流课程。"大学生创业教育"课开设四年来，授课效果好，教学评价高，学生评教成绩居于全校最前列，课程本身的高质量为推进课程思政建设打下坚实的基础。

（二）提升教师育德意识和育德能力是课程思政建设的关键

"课程思政背景下完善高校创新创业教育体系的关键是建设一支创业理论知识扎实、创业实践经验丰富、思想道德素质高的师资队伍，为创新型人才培养提供保障。"[1]推进课程思政建设，要求教师不仅要在思想认识上形成全员育人的共识，也要在专业发展上具备较强的德育育人能力。为此，应结合课程实际，强化教师的课程思政教育教学能力培训，为"课程思政"改革提供核心支撑。"大学生创业教育"课的教学团队，拥有思想政治教育教学、研究的丰富经验，为推进课程思政教学改革提供了师资保障。

（三）教师的人文关怀、言传身教是课程思政最生动的实践

在课程思政的实践中，教师应胸怀家国情怀，不忘师者初心，在传道授业解惑中，身体力行，知行合一，用自己生命的光亮点亮"教师"这两个字的隆重分量和灿烂光华，用自己的全心付出和无私奉献温润每一个学子的成长路，真正实现立德树人、塑魂与育才相融合。"大学生创业教育"课的师资团队全身心关爱学生，在爱学生如家人、治学严谨、无私奉献的言传身教实践中，生动实施课程思政。

第五节 课程思政视域下"语言与文化"课程教学改革研究

在课程思政视域下，深度挖掘专业课"语言与文化"课的德育元素，将价值观引导深度融入知识传授和能力培养，从教学标准、教学内容、教学方法、实践教学、课程考核评价和全过程育人等方面探索课程改革，推进"语

---

[1] 雷雪芹，魏东. 课程思政视域下高校创新创业教育路径探究[J]. 淮阴师范学院学报（自然科学版），2019（3）：254-258.

言与文化"一流课程建设。

一、"语言与文化"课程建设概况

"语言与文化"是四川外国语大学国家级一流专业建设点汉语国际教育专业,面向本科三年级学生开设的专业核心课,课程为重庆市课程思政示范课。课程遵循外国语大学国际化人才培养定位,依托省级重点学科中文学科和省级特色学科群"数字化人文体验"建设,融合国家社科基金重大项目"地名研究"开展科研育人。课程从"厚植家国情怀和人文底蕴,深化学生的语言学理论知识,启迪基于专业的创新意识,培养对语言的高阶运用能力"教学目标出发,将价值塑造、知识传授和能力培养三者有机融合,建立"六位一体""德融教学"模式。将培养学生对祖国语言文字的赤诚热爱、坚定文化自信这一价值观深刻寓于课程的知识传授和能力培养之中,讲授"有温度"的语言文化知识,启蒙学生基于专业的科学研究意识,培养"有情感"的语言运用高阶能力,进而让学生更加珍视中华文脉,运用专业所学创新传承、坚定守护中华文化基石。

二、课程思政视域下"语言与文化"金课建设

(一)"语言与文化"金课建设的重要意义

近年来,打造含金量高的一流金课是高校推进课堂教育教学改革的重点,对人才培养意义重大。"什么是'金课'?可以归结为'两性一度':高阶性、创新性和挑战度。"[①]金课旨在强调提升课程的难度和深度,突出课程内容的前沿性和时代性,着重培养学生解决复杂问题的创新思维和综合能力。"语言与文化"面向本科大三学生开设。该门课程作为专业基础课,教学对象主要为汉语国际教育专业本科学生。课程内容主要涵盖汉语语言知识、文字知识、汉语言文字辅助工具、语文生活常识、语言文字应用和语文规划等五个板块内容。课程旨在系统讲授汉语知识的现状和历史来源,引导学生关注实际生活中的语文现象,思考语文与生活的关系,启发学生发现和研究语言问题的意识,提高学生语言表达运用能力。作为人文社科类的专业核心课,在课程思政的视域下,推进"语言与文化"的金课建设,将德育元素深度融入课堂改革,提升课程的深度和难度,对于强化学生对母语的热爱、

---

① 吴岩. 建设中国"金课"[J]. 中国大学教学,2018(12):4-9.

增强学生文化自信、熏陶学生人文素养、培养学生创新实践能力、提高课程实效，意义深远。课程组在最新课程思政建设标准指导下，以厚植学生家国情怀，加深学生对祖国语言文字的热爱，培养学生探究问题意识，提升学生创新实践能力为目标，深度探索"语言与文化"的金课建设。

（二）"语言与文化"课程建设历程

1. 基础建设阶段（2017年前）

优化课程教学团队，完善课程教学方案，建设基本课程资源，满足课程教学需要，开展实践教学，历经多年打磨建成专业核心课、校级优质课。

2. 改革突破阶段（2017—2019年）

课程深度融入"价值创造"教育元素，以"项目化"教学深度实践以学习为中心，鼓励学生"做中学""学中思"，采取情景教学、小组合作学习等多种教学法，打破课堂沉默，学生学习热情显著提高，参与科研、竞赛获奖成果丰硕，课程培育寸草汉语、海纳汉语等近百项"专业+创新"型文创获奖项目，以本课程为重要支撑的教改成果获省级教学成果二等奖。

3. 持续完善阶段（2020—）

形成特色鲜明的"六位一体""德融教学"模式，团队教研教改成果突出。

以价值塑造、知识传授、能力培养三融合的教学实践滋养学生学习热情，以文化人。课程评教分数高，得到学生、教学督导、校外专家的较高评价，是国家级一流专业建设的核心专业课、重庆市课程思政示范课。

二、课程思政视域下"语言与文化"金课建设的研究与实践

基于课程思政和金课建设的标准，对照"语言与文化"教学存在的不足，根据课程目标，结合学生学习特点和教学实际，教学团队深度提炼课程所蕴含的家国情怀、文化自信、人文精神等德育元素，探索"六位一体""德融教学"模式，即将思想政治教育内容深度融入课程标准、教学内容、教学方法、实践教学、考核评价和全过程育人等方面。重点融入社会主义核心价值观、中华优秀传统文化等德育元素，厚植学生家国情怀，坚定学生理想信念，引领学生将个人梦想融入伟大的中国梦，自觉传承守护中华语言根脉。"语言文化""德融教学"模式如图4-6所示。

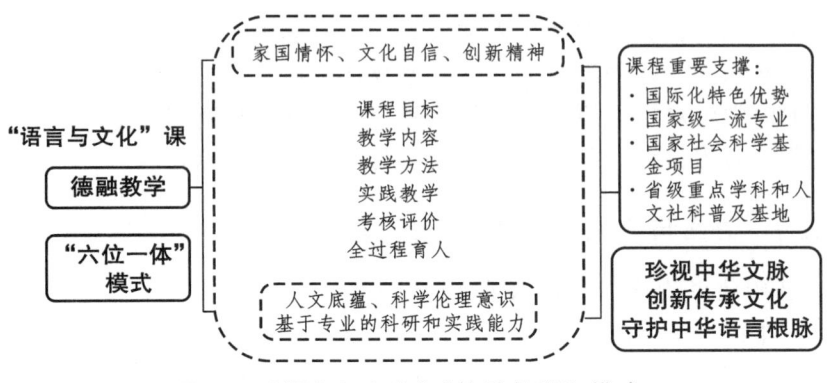

图 4-6 "语言与文化""德融教学"模式

（一）探索建立"三位一体"的课程新标准

依据人才培养方案中"语言与文化"作为专业核心课的定位和课程实际规律，以金课"高阶性、创新性、挑战度"标准为纲，确立价值塑造、知识传授和能力培养三位一体的课程新标准。在价值塑造目标中，重在加深学生对祖国语言文字的热爱和情感，引导学生坚定文化自信，更加热爱自己的母语，传承中华文脉，保护优秀传统文化。在知识传授目标中，系统讲授汉语语言文字相关知识，重在激发学生学习兴趣和学习热情，突出学科前沿知识，紧密联系语言运用实际。在能力培养目标中，引导学生关注实际生活中的语言运用，注重培养学生运用所学解决现实语文生活实际问题的创新思维和综合能力。将价值塑造、知识传授和能力培养三者有机融为一体，将培养学生对祖国语言文字的热爱、坚定文化自信这一价值观引导深刻融入课程的知识传授和能力培养之中，讲授"有温度"的知识内容，培养"有情感"的实践运用能力。同时，以"语言与文化""三位一体"课程新标准为依据，科学论证，修订编制课程教学大纲，研究确立新的教学目标，将课程新标准贯穿于教学全程。

（二）探索"三融合"理念下的教学内容革新

在遵循课程教学规律和教学目标基础上，在"语言与文化"教学内容中坚持德育元素、学科前沿知识和创新实践能力培养深度融入的"三融合"理念，加深学生对祖国语言文字的热爱，引导学生关切现实生活中的语言现象，培养发现问题和探究解决问题的能力。首先，深度融入德育元素，提升课程的温度。"识别并有针对性地挖掘出课程中蕴含的思想政治教育资源是开展课程思政的前提。"①"语言与文化"教学内容有汉语语言知识、文字知识、汉语言文字辅助工具、语文生活常识、语言文字应用和语文规划五个部分。在每一部分教学内容中，深度提炼挖掘其中蕴含的民族精神、家国情怀、优秀传统文化、人格修养等德育元素。如在语言知识中，深度融入"语言是民族文化的根、民族文化的魂，是民族精神的家园"这一核心观点，用翔实丰富的案例加以分析，引导学生更加珍惜和热爱自己的母语。在文字知识板块，以"汉字是中华民族文化的基石"这一主题，有"温度"地阐释汉字与文化的关系，引导学生深刻认识汉字对文化传承的重要价值。在汉语言文字辅助工具和语文生活常识板块，着重谈语言所蕴含的历史文化内涵，引导学生心怀敬畏，在日常生活中正确规范运用我们的语言文字，自觉传承优秀传统文化。其次，遵循"专创融合"的理念，深度融入学科前沿知识，提升课程的深度。在教学内容中，紧密联系学科前沿，适度在每一教学板块引入最新的相关研究成果，启迪学生关注知识前沿；同时，作为专业课的"语言与文化"，将教学内容有规律地与学生所学专业结合，启迪学生基于所学专业去发现问题、研究问题。如教学中，结合学生所学外语专业，加入汉外语言对比研究的相关案例。最后，强化学生实践能力培养，提升课程的难度。如在教学内容加入与实际语文生活紧密联系的教学案例，培养学生运用所学探究复杂问题、解决实际问题的能力，以及创新思维和实践能力。

（三）探索"以学生学习为中心"的教学方法革新

"不同的课程在教学实施中都具有自身的特点和要求"②，建设"金课"，需要不断改革教学方法，提高教学质量。在实践中，与课程标准、课程内容相适应，课程组贯彻"以学生学习为中心"的理念，探索教学方法的改革。第一，采取小班化研讨式教学，融入工作坊的理念，采取小组合作共同完成研讨任务。如在语言文字规范化章节，让学生分组讨论对字母词等特殊语言现象的思考，并以小组为单位就讨论内容进行汇报，教师根据汇报成果进行针对性点评和启发式提问。第二，采取情浸式教学方法。如在汉语知识教学板块，让学生分角色朗诵诗歌《中国话》，让他们真切感受汉语之美；在汉字知识板块，带领学生参观汉字文化展、书法艺术展，身临其境体验汉字文化魅力。参观之后，让学生写下感受和心得，通过书面表达训练，进一步引

---

① 卢黎歌，吴凯丽. 课程思政中思想政治教育资源挖掘的三重逻辑[J]. 思想教育研究，2020（5）：74-78.
② 陈翔，韩响玲，王洋，张鸿雁. 课程教学质量评价体系重构与"金课"建设[J]. 中国大学教学，2019（5）：43-48.

发学生思考，加深他们对语言文字的热爱。第三，将新教学技术融入教学。采用"对分易""学习通"等教学辅助工具，加强课堂的实时互动，增强课程的感染力和吸引力，让课堂更加生动丰富，提高学生学习的热情和积极性。

（四）探索"成果导向"的实践教学改革

以"成果导向"理念为指引，以培养学生的人文素养，提升学生的语言运用能力，以坚定文化自信为目标，组织开展形式多样、具有一定挑战度的实践教学活动。首先，精心组织系列与教学内容相关的课堂比赛，如中华优秀经典诗词诵读、语言文字应用竞赛、台词配音比赛等，通过项目化的实践活动，切实让学生参与课堂。第二，精心组织系列课程实践体验活动，如诗词吟唱、传统文化情景剧表演等。让学生在实践体验活动中升华人文素养，提升实践运用能力。最后，鼓励学生以教学内容相关选题积极申报本科生科研计划、大学生创新创业训练计划，参与本科生论文大赛、挑战杯学术作品竞赛等高水平学科专业竞赛，教师全程一对一精心指导，关注学生个性化的学习发展需求。让学生通过参与科研训练和科创竞赛，启迪基本的学术思维，培养学生关注社会现实，解决复杂实际问题的能力。

（五）探索课程考核评价方式改革

在课程思政视域下，课程组积极探索课程考核方式改革，以提高"语言与文化"考核的科学性和有效性，推进一流金课建设。首先，改革课程考核评价机制。突出能力导向，提高平时成绩所占比重，将学生实践教学、科研计划参与情况、学科竞赛获奖成果纳入平时成绩范畴，加强学习过程评价，打破唯期末考试的单一评价机制。其次，探索考试内容改革。一是选取德育内涵丰富的案例材料来命制试题。例如，结合材料谈"语言文字是民族文化的根，民族文化的魂""汉语是古老而有生命力的语言"这类充满温度、内涵德育考查的试题。二是试题注重考查学生实际运用能力。例如，以"地名是文化遗产"为话题，结合实例，运用三种以上修辞手法写一段短文。三是探索非标准化的考试评价标准。尤其在主观性试题的评分标准中不设固定标准答案，提倡学生谈谈自己的见解，旨在强调学生对于复杂语言问题的思考与探究过程，而不以固定答案来评判探究结果的好坏。例如，让学生结合所学知识，策划一场体验成语文化的互动活动，让学生结合所学和案例材料谈对网络流行语的看法。此类试题旨在考查学生解决真实场景中复杂问题的能力，在评分标准上提倡学生创造性给出解决方案。

（六）在全程育人中身体力行实践课程思政

"做好课程思政教改，关键在教师。"[①]打造有温度有情义的课堂，关键在教师身体力行地无私奉献，用心用情关爱每一名学生的课程学习。为此，课程组在"语言与文化"的教育全程，强调教师以高尚师德，仁爱之心，全程育人，真正实现对学生的人文侵染。"在教师与学生之间要注重培养相互关爱、相互学习的关系，实现'有温度'的教学。"[②]在新学期教学开始前，教师详细了解学情和学生对课程的期待；在课堂教学中，教师以饱满的热情全心投入；在课后辅导中，教师加强对学生的指导与关心，一对一了解学生课程学习的疑难，一对一详细给予学生作业反馈，一对一精心指导学生参与实践教学和学科竞赛。同时，建立课程交流群，教师精选课程相关前沿推文，指导学生阅读。在教师倾注身心关注每一名学生课程学习、温润学生成长的全程育人中，生动践行课程思政。

综上所述，课程思政视域下的"语言与文化"金课建设，需要建立三位一体的课程教学新标准，同时从教学内容、教学方法、实践教学、课程考核评价和全程育人等方面进行研究和实践，真正实现将价值塑造融入课程教学全过程，润物无声，打造有温度有情义的一流课堂。未来，"语言与文化"课程组将牢记为党育人、为国育才使命，以金课"高阶性、创新性、挑战度"特征为纲，坚持"家国情怀+人文底蕴+科学精神"赋能课程改革，将课程建设成为有温度、有深度、有挑战度的国家级"金课"范本。

第六节 专创融合视域下"古代诗文选"课程教学改革探索与实践

"古代诗文选"作为中文专业基础性课程，对于培养大学生人文精神，提高他们的文学素养、写作运用能力，形成专业高阶运用能力至关重要。课程教学质量和教学效果是实现课程目标的关键环节。本节拟以"古代诗文选"课程为例，树立以学生发展为中心的理念，探索专创融合型课程建设。

"古代诗文选"课程兼具人文性和工具性。课程性质决定了在教学过程

---

① 顾晓英. 教师是做好高校课程思政教学改革的关键[J]. 中国高等教育，2020（6）：19-21.

② 杨国斌，龙明忠. 课程思政的价值与建设方向[J]. 中国高等教育，2019（23）：15-17.

中，必须采取与课程特点相适应的教学方法和教学手段，探索多元化教学方法的综合运用。近年来，我们探索"古代诗文选"课程教学改革，以提高学生学习的积极性，发挥学生的主体性，提升课程教学质量，启蒙学生结合专业所学解决实际问题的创新意识，培养基于专业的创新实践能力。

一、当前"古代诗文选"教学的问题及教学改革的实践意义

（一）"古代诗文选"教学存在的问题

根据教学实践和调查研究，归纳起来，当前"古代诗文选"教学存在的问题主要表现在以下五点：第一，在教学理念上，仍然以教师为中心，忽视了学生主体的作用发挥。第二，在教学内容上，偏重文学史和文学作品双主线，教学内容涵盖面过广。第三，在教学方式上，教学方法相对单一，对新技术辅助课堂教学运用相对不足，难以贴近学生的现实需求，缺乏对学生产生吸引力。第四，在教学思维上，偏重理论知识讲解，轻应用能力训练，难以有效提升学生文学素养和实践运用能力。第五，在课程评价机制中，重结果考核，轻学习过程考察。

课程教学存在以上问题，很难真正调动学生的积极性与创造精神，进而培养学生基于专业的创新实践能力。为此，我们尝试"以学生发展为中心"来探索教学改革。

（二）以学生发展为中心探索"古代诗文选"教学改革的实践意义

教育教学的目的是激发和引导学生的自我发展之路，帮助每一个学生发现自己、发展自己，帮助他们实现其个体生命的价值，成长成才。"以学生发展为中心"，就是要以每一名学生的实际需求和未来发展为出发点，发挥学生的主观能动性，让学生积极参与教学，以学生为中心组织教学。根据学生发展为中心的教学理念要求，在"古代诗文选"的课堂教学中，首先，教师要充分激发学生的思维和情感，真正吸引学生全身心投入教学内容；其次，要让学生主动用自己的身心去体验古代的人文知识，与之产生心灵的契合和对话，把其中所隐含的文人心、文人意升华为自己的精神品格，融入自身的人生观价值观；最后，重视将文学知识内化为学生真正的实际应用能力，启蒙学生的创新意识，为促进学生未来的全面发展奠定基础。

以学生发展为中心探索教学改革，对于促进"古代诗文选"课堂教学有积极的意义：第一，提高学生自主学习的积极性，培养学生阅读文学原典的习惯，

实现人文浸染，让学生人文素养得到提升。第二，让学生有机会真正参与到课堂教学中，成为课堂主角，有效提高学习主动性和学习效果。第三，激励引导学生探究性学习，启蒙创新意识，养成基础的创新思维和研究能力。第四，激发学生运用所学知识的热情，强化创新实践能力的养成，助力学生成长成才。

二、以学生为中心的"古代诗文选"教学改革探索

在教学中，我们主要从以下八方面进行了改革探索和实践突破。

（一）采用"对分课堂"模式，以学生为中心，教师为主导开展教学

以学生的文学素质和综合能力发展为中心，让学生成为课堂主角，教师则作为主导的理念来设计教学内容。强调学生能力发展需要什么样的教学，以此为中心来设计教学重点，而不再单纯以教师讲授为中心，强调充分发挥学生的主观能动性，增强学生的课堂参与度。贯彻这一理念，我们尝试"对分课堂"教学模式改革，主要采用课堂讨论和学生讲课两种形式。课堂讨论包括随堂讨论和专题讨论。随堂讨论与课堂讲授相结合，一般由教师讲述、分析，在课堂教学中引出一系列关于此话题的讨论，由学生发表各自的见解，最后由教师总结。课堂专题讨论则是课前由教师布置有一定争论或能调动学生思考积极性的题目，让学生以小组为单位在课下做好充分准备，之后在课堂进行讨论，最后以小组为单位总结发言。而学生讲课主要以文学作品推介为主，让学生在课下准备，然后在课堂规定的时间内讲述作品的基本内容，鼓励学生讲出属于自己个性化的观点和体会。

（二）采取项目教学法，专题讲授课程内容

"古代诗文选"课程内容涵盖内容广，但是教授课时极为有限。为此，我们调整讲授内容，根据专业课特点，着重考虑学生今后运用的实际需求，按专题重新安排课程内容。采取以文学史为线，以文学作品为侧重，适当介绍古代文化常识和文学应用知识的原则。以文学经典名篇为基础，把课程内容有机地组成新的专题单元。调整教学内容，分专题项目化实施教学，在有限的课时内能尽可能让学生集中了解更多的知识。

（三）组织丰富多彩的课堂活动，引领学生感受文学艺术

精心组织课堂朗诵、即兴表演等形式多样的课堂活动。把学生带入文学作品的情境，让他们真切感受古典文学之美，激发学习内在动力。第一，精

心组织诗文朗诵。选择古代文学的名篇佳作,让学生在课堂上单独朗诵、分角色朗诵或集体朗诵全诗或其中的优美段落,如苏轼的《水调歌头·明月几时有》、张若虚的《春江花月夜》等作品。第二,精心组织课堂情景剧表演。精选学期要重点讲授的诗词作品,让学生根据作品内容来进行改编,写作剧本,自行排练,最后在课堂上演出。改编和演出的形式可以多样,让学生根据自己的理解发挥。让学生在自编、自导、自演的过程中,提高他们的分析能力、思考能力和创新能力,同时加深他们对作品的感悟与理解。

(四)重视读写训练,强化学生的阅读和写作能力培养

阅读和写作能力的训练是"古代诗文选"课程教学的基本目标之一,也是专业重要的基础能力,更是大学生今后人生发展的必备能力。为此,在"古代诗文选"的教学中尤其要重视读写能力的训练。第一,写课堂随笔。鼓励学生结合课堂所学,当堂书写心得,鼓励学生写出最深刻的体悟,并在下次课由教师予以精要点评。第二,写课后作文。通过整篇作文的写作训练,让学生把课堂所学真正内化为能力,也为今后的运用打下基础。第三,重视课外阅读,尤其提倡学生进行个性化阅读。在学期之初,开列课程必读书目,同时尽可能结合学生特点,根据学生喜好,着眼学生未来发展,一对一推荐相关书目,最大程度激发学生阅读兴趣,提高阅读效果。第四,结合课堂所学和课外阅读,在任课老师的指导下,撰写学期课程论文或调研报告。比如,让学生围绕非物质文化遗产保护现状、大学生传统文化素养传承、大学生文学经典阅读现状、大学生孝道传承及感恩教育等选题来撰写调研报告。让学生在实地调研、整理报告、寻找解决办法的过程中,不断思考,不断探索,激发他们对传统文化的热爱,启蒙他们基本的问题意识,培养基于专业的探究能力。

(五)充分运用新技术辅助教学,探索沉浸式教学等新方法

充分发挥新技术对课程教学的辅助作用,增强课程的感染力和吸引力,让学生真正深爱"古代诗文选"课。首先,精心制作课程多媒体课件,突出传统文化元素,图文并茂展示教学内容。其次,建立课程经典影视资料库,精心搜集与古代文学作品相关的影视资料。根据课题主题,在课堂上截取视频片断给学生播放,为学生提供生动形象的视听资料,借助直观视觉,增加学生对作品的感性认知。最后,根据教学所需,部分课程在中国传统文化体验中心上课,利用最新的先进教学技术,打造沉浸式课堂,让学生身临其境,真切感受传统文化的博大精深。

（六）重视课程实践教学，精心组织系列竞赛和实践体验活动

实践教学是课堂教学的有效补充，也是贯彻以学生发展为中心教学理念的重要环节。"古代诗文选"开展多类型的实践活动，有助于进一步激发学生的主体意识，增强他们的获得感和参与感，切实提升学生基于专业的高阶运用能力。首先，精心组织系列与课程相关的比赛，如征文大赛、国学经典诵读比赛、诗词会等，尽可能扩大学生的参与面。由教师全程辅导，让学生在学科竞赛中提升创新实践能力。第二，精心组织系列课程实践体验活动，如汉服表演、诗词吟唱、戏剧表演等。让学生的人文素养在传统文化的路演展示中得到熏陶和提升。第三，鼓励优秀学生，以课程相关选题积极申报大学生创新创业训练立项，参加"挑战杯"课外科技学术作品竞赛、中国国际"互联网+"大学生创新创业大赛等高水平科创比赛或科研活动。通过参与科研实践，进一步加强学生的综合能力训练，提升其学术思维和研究能力。

（七）建立有效教学反馈机制，推动教与学的有效融合

理想的课堂教学应是师生互动、心灵对话的舞台。我们高度重视学生课堂意见反馈，充分肯定学生在教学活动中的主人翁角色，以利于教学相长。首先，设立专门的科代表，广泛收集日常学生的教学反馈。其次，教师采取问卷调研、个别谈心等方法用心倾听学生之声，深入了解学生最真实的学习状况、存在的问题和学习需求。在遵循教学规律和课程大纲要求的基础上，及时适当调整教学。最后，重视课程中期反馈和期末评教。结合学生的意见，总结梳理学期教学得失，不断优化教学内容，改进教学方法，以呈现最为完善的"古代诗文选"课堂。

（八）建立与教学方法改革相适应的考试评价制度

为与学生发展为中心的教学改革相适应，我们尝试考试评价方式的调整。第一，尝试考试内容的改革。适当增加主观题分量，主观题尽量设置开放性试题，不设固定的标准答案，鼓励学生说出自己的见解，启迪学生创新思维。第二，探索建立过程考核和期末考试相结合的评价机制，尤其强调过程考核。增加平时成绩和实践活动成绩的比重，并科学严格制定评分标准。建立起课堂表现、实践考核和期末考试相结合的课程综合评价机制。

综上所述，"古代诗文选"教学质量和教学效果的提高，需要教师在课程教学中，改变教学思维，真正树立以学生发展为中心的教学理念。重视学生主体作用的发挥，灵活采用多种教学方法，不断提高课堂质量，实现"古代诗文选"课程教学的人文性意义和功能性目标，推进学生基于专业的创新实践能力培养。

第五章

高校专创融合教育典型示范课程教学案例分析

课堂教学是教育的主渠道，对于实施专创融合教育至关重要。本章通过分析三个典型的课堂教学案例，探讨如何在课堂教学中通过教学设计和教学实施有效落实专创融合教育。首先，我们探讨全国高校创业金课"创新创业导论"的示范教学案例，该课程以基于专业的创新创业为教学目标，培养学生的创新思维和创业能力。其次，我们讨论新文科高校建设特色人才培养项目四川外国语大学歌乐书院"新文科创新创业菁英书院班"的教学案例，该项目旨在通过课堂教学厚植家国情怀，启发学生的创新思维，培养创业精神。最后，我们研究重庆市一流课程和重庆市课程思政示范课"语言与文化"的教学案例，该课程以语言和文化为主题，旨在培养学生诊视中华文脉，用专业所学传承和守护语言文化类非物质文化遗产的创新能力。通过深入分析这三个课堂示范教学案例，探讨如何在课堂教学中将创新创业教育元素有机融入培养学生创新思维和创业能力的过程中，融入专业教学，进而培养学生的创新精神，培养其高阶实践能力，实现专创融合教育的目标。

第一节 "创新创业导论"课程"创业精神与人生发展"教学案例

一、教学案例基本信息与目标

（一）教学案例基本信息

课程思政视域下"创新创业导论"铸魂育才的路径探索——以"创业精神与人生发展"章节教学为例。

本课程为"双创"必修课，使用教材为《创新创业教程》，由中国社会科学院大学王艳茹教授主编。本节教学内容为第二章第二节"创业精神与人生发展"。教学对象为中文学院大一学生。教具需准备传统书信纸。本教学案例获重庆市课程思政示范案例评选特等奖。

（二）教学目标

知识目标：理解广义"创业精神"的内涵。

能力目标：掌握"创业精神"实质特征，用以指导学生自身的学业规划和职业生涯。

价值目标：让爱国、担当、奉献、创新成为学子鲜明的精神底色，让深怀家国热爱、致力创新创业成为青年学子的使命担当和坚定选择。

二、教学设计与组织实施

（一）"寓德于课"典型内容

按照"专思创"三融合理念，根据三位一体课程目标，本节课课程思政典型内容有（括号内为思想政治教育元素融入点）：

（1）青年学子苗绣创业案例（责任担当，文化传承）。

（2）陶行知万世师表的教育家事迹（家国情怀，百折不挠）。

（3）天一阁四百余年藏书传奇（民族精神，文化自信）。

（4）"95后"抗疫楷模甘如意事迹（民族精神，责任担当）。

（5）创业故事情景剧排练（作业育人：将爱国、奉献、担当、坚韧内化于心）。

（6）一对一详细回复每名学生作业（师爱育人，教师践行课程思政）。

（二）"寓德于课"教学实施与价值分析

以"小班化—探究性—情浸实践式"教学方法，通过12个教学步骤实现"寓德于课"。

1."情浸式"案例

讲述青年学子创新创业案例：湖南工业大学"绣色十八洞团队"帮助非物质文化遗产"苗绣"走出大山、助力脱贫攻坚的故事，引发学生对创业精神的关注与思考。

分析：用同龄学子助力脱贫攻坚的"双创"案例导入课程，启发学生初步感知"双创"教育塑造灵魂的本质，家国情怀是最鲜明的精神底色。

2. 小组合作学习

请同学们在"学习通"写下3~5个关键词，谈谈对创业精神的理解，并以小组的形式探讨，找出小组在"学习通"写下的共同关键词。

分析：让学生从狭义创办企业一步一步认识广义创业，认知国际提倡的"双创"教育是"价值创造"教育。利用好"学习通"的相关功能，将现代教学技术融入课堂。

3. 案例教学：万世师表的"创业"教育家

播放熊浩演讲《万世师表》的片断，讲述教育家陶行知的故事。升华案例主题：作为教育者，行知先生始终坚守自己的教育理想，求索前行，他是自己人生理想最坚定的"创业者"，是最具家国情怀的教育创业家，是真正的人民教育家、真正的万世师表。

分析：熊浩老师的演讲情真意切，润物无声，能够很好地感染学生。

4. "情浸式"体验活动

紧承案例：假如你可以见到陶行知先生，对于这位"创业教育家"，你想说些什么？请用传统书信纸写下最想对行知先生说的一段话。

分析：紧承前续情感铺垫，用纸笔来进行书写，让学生"身临"行知先生的时代，感受强烈而真切的教育情怀和为师理想。行知先生的故事和中文专业学生的未来就业方向关联度高，可以启发学生追寻更为高远的职业理想，深刻理解"捧着一颗心来，不带半棵草去"的师者理想。

5. 案例教学：天一阁四百年藏书传奇

讲述范氏家族四百年风雨守护书香文脉的故事。

分析：宁波天一阁为中文专业学生心之向往的书香之地，在专业领域具有极大的象征意义，故以范氏家族400多年坚守成为文化史的奇迹，深刻诠释广义创业精神的深刻内涵。同时，天一阁古籍修复技艺是国家级非遗技艺，启发学生结合专业关注古籍修复，以相关选题参加科研计划，或作为今后考学方向，珍视、传承、守护中华文脉。

6. 案例教学：启发式提问兼讲述"95后"抗疫楷模甘如意的故事

过渡引入：我们深深感佩创业教育家、藏书世家坚守与传承的精神。这样的精神是否离平凡的我们很遥远？或许这样的信念与传承并不遥远，就在我们身边……讲述"95后"甘如意的抗疫事迹，突出甘如意甘于担当、甘于奉献的赤诚信念。

7. 知识小结

我们所理解的创业精神是开创事业、开创志业、开创未来所需要的精神和能力。这样的能力是每位同学都需要的。因为我们每个人一直都在"创作"我们的人生故事，也都需要去创造自己的未来。所以，创业教育的核心指向在于培养开创未来的成长力，帮助我们遇到更好的自己。

分析："95后"甘如意和学生年龄相近，是邻家普通人，又是抗疫楷模。她的事迹更能感染和影响每一名学生。同时启迪学生深刻理解每个人都是自己人生的创业者，都需要用创业者的精神开创自己的人生。

8. 课程升华

习近平总书记在党的十九大报告中指出:"我们生活的世界充满希望,也充满挑战。我们不能因现实复杂而放弃梦想,也不能因理想遥远而放弃追求。"同学们深怀梦想创事业、创未来、创志业、创伟业,也应不怕现实艰难,初心砥砺,执着前行。

分析:以习近平总书记的重要论述升华每堂课的学习。勉励同学们为自己的人生理想、为中华民族伟大复兴的中国梦而不懈努力。

9. 课程回顾:广义创业精神特征及灵魂

广义创新创业精神,是我们每个人深植心中的家国情怀,是开创事业、开创未来所必须的精神品质。

10. 作业布置

在"学习通"写下对"创业精神"的最新理解;从课上三个主题案例任选一个,以小组为单位排练情景短剧,于实践教学周展示。

分析:作业育人,通过学生在课后自主阅读资料,设计剧本,体验演绎,真切感受创业精神。

11. 课后答疑

课后仔细批改"致行知先生的一段话"和"学习通"作业,一对一详细(每生400~600字)反馈作业情况,突出个性化精细化指导。

分析:课后倾注大量时间答疑指导为"小班化—探究性—情感浸润式"教学方法的特色做法,以教师团队执着而长期的坚持、无私奉献升华育人效果。通过课后无私辅导,因材施教,拓展课程的长度、深度和温度,打造有情有义的教与学。

12. 课后拓展学习资料推荐

第一,慕课章节;第二,阅读书目;第三,课程主题相关的广义创业理念相关案例、古籍修复论文、抗疫故事等10~15篇推文(附教师精要点评)。

分析:坚持每天给学生分享课程学习资源,升华课程所学,让课程主题真正入脑入心,润物无声。

三、教学效果与反思

从本堂课学生的反馈来看,学生普遍深刻感受到广义创业精神的力量和价值，感动于教师深入骨髓的家国情怀和师者大爱，并决心将其转为化滋养自身成长的精神力量；同时，本节课得到"双创"教育专家、教学督导的高度评价；学期课程评教居全校同类课程前3%。

教学反思："寓德于课"教学案例在实际教学中如何更加生动、更加有感染力地来讲述呈现，以真正打动学生；"寓德于课"教学模式的改进和革新，如何通过教学方法的不断创新，真正以学为中心，以最大程度实现本课程"铸魂育人"的作用。

四、案例分析与总结

"创新创业导论"以教育部《高等学校课程思政建设指导纲要》和金课"高阶性、创新性、挑战度"标准为纲，结合学校国际化人才办学定位和中国语言文学类专业特点，确立价值塑造、能力培养、知识传授三位一体的课程建设总目标，创新建立塑魂与育才相融合寓德于课教学模式，实现课程思政教学改革润物无声，育人育才的教学目标。

本堂教学示范课坚持"专思创"深度融合，深度挖掘教学内容的家国情怀等德育元素；以"寓德于课"模式和"小班化—探究性—情浸实践式"教学践行课程思政；教师以十二载育人初心，全程精细化一对一学业指导，推进铸魂育才。旨在以课程思政理念为指导，通过教师身体力行的教学实践，潜移默化让学生感受新文科视域下"双创"教育是重塑有灵魂、有使命的教育；以广义双创教育理念引导学生深怀家国热爱，基于所学专业开创事业、开创志业、开创伟业，为中华民族伟大复兴贡献青春力量。

第二节　新文科创新创业菁英书院班"创新创业精神与专业学习"教学案例

一、教学案例基本信息

（一）教学案例基本信息与目标

新文科创新创业菁英书院班专家导学课："创新创业精神与专业学习"专题——以"创新创业精神与青年红色筑梦之旅"章节教学为例。

（二）教学目标

（1）知识目标：探究广义"创新创业精神"的内涵和特征，深入理解家国情怀是文创项目的初心和灵魂。

（2）能力目标：掌握广义"创新创业精神"的本质的特点，用于指导自己的学业规划；有意识地关注专业领域的实际问题，初步学会设计有价值的文创项目主题。

（3）价值目标：让爱国、担当、奉献、创新成为学生的精神特质，让深怀家国热爱、致力创新创业成为青年学生的使命感和坚定选择。

二、教学设计与组织实施

（一）"寓德于课"典型内容

按照"专思创"三融合理念，根据三位一体课程目标，本节课课程思政典型内容有（括号内为思想政治教育元素融入点）：

（1）青年学子龙凤呈香工作室创业案例（责任担当，文化传承）。

（2）李时珍不畏艰辛、矢志坚持近三十年修撰《本草纲目》的案例（百折不挠、求真务实、创新的科学精神）。

（3）伏生舍命护书的故事（民族精神，文化传承）。

（4）林俊德院士生命谱写信仰、大爱诠释忠诚的事迹（民族精神，责任担当）。

（5）青年红色筑梦之旅典范项目案例《文物方舟》《锦上花》解读与分析（民族精神，责任担当）。

（6）小组合作开展"青年红色筑梦之旅"社会实践，结合社会实践设计相关创意选题（社会实践育人：将爱国、奉献、担当、坚韧内化于心）。

（7）课后拓展，自主阅读本课程资源库案例《长征精神》，完成作业提交。从长征精神中汲取精神力量，进一步理解初心和使命是我们开创志业的灵魂追寻（党史教育融入，实现思创融合）。

（8）一对一详细回复每名学生作业；一对一指导每一个小组团队的社会实践，辅导小组项目迭代（师爱育人，教师践行课程思政）。

（二）"寓德于课"教学实施与价值分析

以"小班化—探究性—情浸实践式"教学方法，通过 12 个教学步骤实现"寓德于课"。

1. "情浸式"案例

讲述青年学子公益创新创业案例：四川外国语大学"龙凤呈香工作室"（三创赛国赛一等奖项目）致力推广传统香道文化，历经三年努力，让非物质文化遗产焕发生机，守护传承中华传统文化的故事，引发学生对广义创业与创业精神的关注与思考。

分析：用同龄学子传承守护非物质文化遗产的"双创"案例导入课程，启发学生初步感知"双创"教育塑造灵魂的本质，家国情怀是最鲜明的精神底色。

2. 思辨与探讨

请同学们思考后在"学习通"写下 3~5 个关键词，谈对"创业"一词的理解，尤其是对"业"的理解。

教师小结：创业中的"业"至少有四种解读：不仅仅是去创办一家企业，去谋一份职业，更是一份事业，甚至是一份志业。《说文解字》曰："志，从心之声。志者，心之所之也。" 志业是一种掏心掏肺、如血脉一般的东西。这就要求把创新创业视作一种信仰，让创新创业成为一个人内在生长的基因。

分析：让学生初步理解广义创业创事业创志业的含义，为对创业精神的理解做铺垫。

3. 案例教学：李时珍不畏艰辛，矢志近三十年修撰《本草纲目》的坚守

播放《典籍里的中国》中的《本草纲目》片断（1分钟），讲述李时珍不畏从医难、著书难和出书难，历经近三十年修撰巨著的动人故事。升华案例主题：作为医药学家，李时珍始终坚守自己的医者悬壶济世理想，求索前行，"身如逆流船，心比铁石坚。他是人生理想最坚定的"创业者"。他既有勇攀高峰的决心，又有大医精诚，造福百姓的大爱。

分析：通过案例讲述，致敬以李时珍为代表的中华医者"身如逆流船，心比铁石坚"的意志，传承中国传统科学求真务实、心系民生、开拓创新的精神，启迪学生深刻理解何为"志业"。

4. "情浸式"体验活动

紧承案例：假如你可以见到李时珍先生，对于这位心系民生的医药学家你想说些什么？请用传统书信纸写下最想对李时珍先生说的一段话。

分析：紧承前续情感铺垫，采用传统纸笔来进行书写，让学生"身临"李时珍先生所处的时代，感受强烈而真切的钻研精神和为民情怀；同时进一

步理解创事业、创志业的精神特质和隽永内涵。

5. 案例教学：伏生舍命护书之绝唱

讲述伏生和家人用生命和热血保护古籍《尚书》，传承中华文脉的故事。

分析：古籍传承与保护为中文类专业学生密切相关的专业问题，《尚书》是"政书之祖，史书之源"，与孔子有着密切的关系，确立了中华文化的发展方向，在专业领域具极高象征意义，故伏生舍命护书，让文脉得以千年传承，是文化史上的绝唱，深刻诠释"心之所志，舍生取义"的广义创业（志业）精神的深刻内涵。同时，古籍传承和修复技艺是国家级非遗技艺，启发学生结合专业关注古籍修复，以相关选题参加科研计划，或作为今后考学方向，赓续文化血脉。

6. 小组合作学习：探讨广义创业精神特征

请同学们在"学习通"写下 3~5 个关键词，谈对广义创业精神特征的理解；并以小组的形式探讨，找出小组在"学习通"写下的共同关键词。教师总结广义创业精神特征。

分析：让学生从狭义创办企业一步一步认识广义创业，认知国际上提倡的"双创"教育是"价值创造"教育。利用好"学习通"的相关功能，将现代教学技术融入课堂。

7. 案例教学

启发式提问兼讲述林俊德院士用生命谱写信仰、用大爱诠释忠诚的事迹。

过渡引入：我们深深感佩传统医药学家、先秦先贤为国为民坚守与传承的精神。这样的信念与传承其实已融入我们民族的血脉，时刻都在我们身边……

12 年前的这一天，有这样一位老人，在医院重症病房生命的最后时刻，仍强忍着剧痛，争分夺秒地工作。看着他憔悴的面容、坚毅的目光，无数人热泪盈眶，他是谁？他有怎样的故事？（播放林俊德院士视频 2 分钟）讲述林院士为了祖国奋斗到生命最后一刻的感人事迹。

升华总结：广义创新创业精神，是我们每个人深植心中的家国情怀，是开创事业、开创志业，开创未来所必需的精神品质。

8. 知识小结

我们所理解的创业精神是开创事业、开创志业、开创未来所需要的精神和能力。这样的能力是每位同学都需要的。因为我们每个人一直都在"创作"

我们的人生故事，也都需要去创造自己的未来。所以，创业教育的核心指向在于培养开创未来的成长力，帮助我们遇到更好的自己。

同时，自主创新、社会责任、百折不挠都是创新创业精神的实质特征，而深植我们每个人心中的家国情怀、根植于骨子里的文化血脉是创新创业精神的灵魂。当代大学生应把激昂的青春梦融入伟大的中国梦，把青春写在祖国大地上。

9. 案例教学

青年红色筑梦之旅典范项目案例《文物方舟》《锦上花》解读与分析

通过案例，讲述青年红色筑梦之旅的开展方式、特点和典型案例，总结青年红色筑梦之旅项目选题思路与选题方法。

10. 社会实践

小组合作开展"青年红色筑梦之旅"社会实践，结合社会实践设计相关创意选题。给出选题范围，将全班分为6个小组，通过社会实践方式设计小组项目选题。

分析：通过广泛而深入的主题实践活动育人。

11. 作业布置

阅读拓展资料《长征精神》，联系个人实际，简要谈谈对广义创新创业精神的理解，以邮件形式提交（因为涉及学生个性化见解和观点，故以邮件提交）。

分析：作业育人，通过学生在课后自主阅读资料，真切感受浓厚的家国情怀，实现思想铸魂。

12. 课后师生共同体辅导

作业一对一回复：课后仔细批改"致李时珍先生的一段话"和邮件作业，一对一详细（每生400~600字）反馈作业情况，突出个性化精细化指导。

小组一对一指导，课后全程参与和指导每个小组的社会实践，辅导所设计双创项目的修改和迭代，在师生的全心共同参与中，感受广义创业精神。

分析：课后倾注大量时间答疑指导"小班化—探究性—情感浸润式"教学方法，以教师团队执着而长期的坚持，无私奉献升华育人效果。通过课后无私辅导，因材施教，实现"情感浸润"，拓展课程的长度、深度和温度，打造有情有义的教与学。

13. 课后拓展学习资料推荐

第一，慕课章节；第二，阅读书目；第三，与课程主题相关的广义创业理念相关案例、非遗传承、古籍修复论文等 10~15 篇推文（附教师精要点评）。

分析：坚持每天给学生分享课程学习资源，升华课程所学，让课程主题真正入脑入心。

三、教学效果与反思

（一）教学效果

本节课是一堂专创融合型创新创业课堂，旨在培养学生的广义创业精神。

学生反馈：学生们深深地感受到了广义创业精神的价值和影响力，并引发对专业学习、职业生涯发展的思考。

专家评价：本节课得到了"双创"教育专家的较高评价。专家认为本节课贴合时代背景，符合课程标准，体现了教师的专业素养和责任感。

评教结果：在学期课程评教中，这门课程的分数高，位于全校前列。评教中，多数同行和学生对本节课给予了积极肯定。

（二）教学反思

本节课虽然取得了较好的教学效果，但仍有一些需要改进和完善的地方。主要是如何让"寓德于课"的教学案例在实际教学中更加有说服力地展示，以真正感染学生。具体来说，有以下几个方面：

教学目标：是否明确了"寓德于课"的具体含义和内涵，是否将其与创新创业精神相结合，是否与学生的实际需求和兴趣相契合。

教学方法：互动化、情境化的教学方法是否充分调动学生主动参与和思考，是否有效地引导和激发了学生的情感和价值观。

教学效果：是否通过有效的评价方式检验了教学效果，是否及时总结了本节课的优点和不足。

教学改进：是否根据反思结果制定了具体的改进措施，是否在下一节课或下一个阶段实施了改进措施，并且持续跟踪和评估改进效果。

总之，我们需要不断地反思和改进我们的教学方法，以提高我们的教学效果，实现本课程教学目标。

四、案例分析与总结

新文科创新创业菁英书院班课程设计以教育部《全面推进"大思政课"

建设的工作方案》和金课"高阶性、创新性、挑战度"标准为纲，结合学校国际化人才办学定位和人文社科类专业特点，确立价值塑造、能力培养、知识传授三位一体的课程建设总目标，创新建立塑魂与育才相融合"寓德于课"教学模式，实现课程思政教学改革润物无声育人育才的教学目标。书院班课程设计实现了以下三个坚持：

第一，坚持知识传授和价值引领相融合。深入挖掘思政课程中的"双创"教育资源和元素。结合"习近平新时代中国特色社会主义思想概论"等思政必修课内容，做到课程思政与思政课程同向同行，协同育人。

第二，坚持党史教育与"双创"教育相融合。从党的光辉历程中探索红色革命精神和广义创业精神融合，让课程思政有"根"有"魂"。通过融入中华优秀传统文化"文化血脉传承"的典范案例，厚植学生家国情怀，增强民族自信心、国家自豪感。

第三，坚持课堂教学与育人实践相融合。贯彻落实习近平总书记给"青年红色筑梦之旅"大学生重要回信精神，通过深度解析参加中国国际"互联网+"大赛和"青年红色筑梦之旅"活动中涌现的大学生创业榜样案例群，呈现当代青年学子的家国情怀、责任担当、敢创会闯和开拓进取的精神风貌，鼓励学生把激昂的青春梦融入伟大的中国梦，把自身的前途命运同国家、民族的前途命运紧紧联系在一起，把青春写在祖国大地上。

第三节 "语言与文化"课程 "赓续文化血脉，传承地名非物质文化遗产"教学案例

一、教学案例基本信息与目标

（一）案例名称

赓续文化血脉，传承地名非物质文化遗产——"语言与文化"课铸魂育才的探索与实践。

（二）教学目标

1. 知识目标

理解地名作为非物质文化遗产的语言学特征、历史文化特征。

2. 能力目标

分析地名如何反映民族心理和社会心态；运用所学设计科研或文创项目，自觉保护地名，理解其所承载的历史文化内涵。

3. 价值目标

人文浸润式引导学生自觉以专业所学传承保护地名遗产，守护中华文脉。以"六安"地名中"六"的读音之争为案例，让学生深刻体会地名是文化的活化石，是重要的非物质文化遗产。认识地名用字所贮录的丰富的语言、历史、地理、经济、民族、社会等信息。将培养学生对祖国语言文字的热爱、坚定文化自信这一价值观引导深刻融入课程的知识传授和能力培养之中，讲授"有温度"的知识内容，培养"有情感"的实践运用能力。让学生进一步深刻认识地名用字所蕴含的深刻人文底蕴，增强民族自信心和自豪感，坚定文化自信，进而更加珍视并自觉基于所学专业传承中华文脉，实现育德与育才相融合。

二、教学设计与组织实施

（一）教学设计

1. 教学内容

典型社会热点案例（专业相关）：地名"六安"读音之争。
核心知识：地名作为非物质文化遗产的特点及地名文化保护的重要性。
典型知识案例：地域用字差异，"坨"与"沱"反映了南北用字差异。
科研和文创项目训练与实践选题。

2. 教学重难点

重点内容：以地名"六安"读音之争为例，谈谈地名作为非物质文化遗产保护的重要性；人文浸润式引导学生自觉以专业所学传承保护地名遗产，守护中华文脉。
难点内容：地名如何反映民族心理和社会心态；如何保护古老地名的历史文化信息；启迪学生科研和文创项目选题思路。

3. 典型案例

在教学内容设计上，以地名文字知识、优秀传统文化为载体，深度融入德育元素，搭建起课程内容与德育教育联系的桥梁；同时，注重融入学科前沿信息和生活中的实际语言运用案例，以加深学生对语言文字的热爱和情感，引导学生关切现实生活中的语言现象，培养发现问题、研究问题和解决问题的能力。

案例一 "六安"读音之争：一字一音皆文化血脉

近日，关于安徽省六安市的"六"字究竟读"lù"还是读"liù"，在网络上引发热议。其实，这一话题早在2016年就因同样的争议上过"热搜"，多年来始终争论不下。

六安已有2000多年历史，原本是一个郡国名，始置于西汉元狩二年（公元前121年），东汉建武十三年（公元37年）并入庐江郡，北宋置六安县，明清时置六安州，1912年改为六安县。1978年设六安市（县级），1999年升设六安地级市。在很长一段时间内，当地人包括当地电视台都将六安读成lù'ān，但在全国性的新闻播报中，"六安"却被读成了liù'ān，这成为争论的"导火索"。

有人认为，根据普通话的读音规则及最新字典，"六"已经只有"liù"这一个读音了，所以读"liù"才符合标准；有人则认为"lù"这个读音是当地方言一直传承下来的读音，地名读音应该"名从主人"读"lù"；还有人认为这是古音的遗留，代表古地名"六"所具有的特殊意义，跟数字"六"读音和意义不同，所以还是应该保留地名特殊性，读"lù"。

案例二 "坨"与"沱"反映的南北用字差异——地名是文化的活化石

联合国第5届地名标准化会议6号决议提出："地名是民族文化遗产。"汉语地名，都是用汉字记录的。在汉字大家庭中，地名汉字占有相当高的比例。有不少汉字仅仅作为地名用字出现。地名汉字的使用范围大多具有一定的地域性。这些具有一定地域色彩的地名专用字，是地域文化和地域历史的反映，具有较强的文化内涵。特别是有些地名汉字，反映的正是不同地域人民对当地的环境及地形地势的认知成果及认知差异。"沱"与"坨"就是如此[①]。

"沱"与"坨"作为地名用字，都是通名专用汉字，这两个字在使用上有南北差异。大致来说，北方多作"坨"，少有作"沱"的；南方则多作"沱"，偶有写作"坨"的。北方通用的"坨"与南方通用的"沱"，正反映了北方择高台而居与南方逐水而居不同，反映的是两种不同的地形地貌。所以，这两个汉字在构形上，一从"土"，一从"水"。"沱"与"坨"在地名汉字用法上的南北差异，反映的正是南北方人民对所处环境与地形地势的认知差异[②]。

---

① 周文德."沱"与"坨"地名的文化差异[J].中国地名，2012（4）：21.
② 周文德."沱"与"坨"地名的文化差异[J].中国地名，2012（4）：21.

4. 思政元素

思政元素1：专业精神与责任担当

地名是一定地域的语言、文字标志，是语言中的专有名词，是人类历史的活化石。地名贮录着丰富的语言、历史、地理、经济、民族、社会等信息。我国地域广袤，历史悠久，民族众多，是世界上地名数量最多的国家，堪称地名资源的"富矿"。不过，我国的地名研究与世界上的先进国家相比，还有相当大的差距。可以说，我国地名研究的"贫"与地名资源的"富"并不相称。在汉字研究领域里，地名汉字的研究一直以来都是相对薄弱的。地名汉字研究的成果相对较少，人们对地名汉字研究的关注度并不高，研究也欠深入。当今，保护和传承地名文化是我们当代大学生，尤其是语言类高校学生的责任与担当。

思政元素2：家国情怀与文化自信

语言文字是民族文化的根、民族文化的魂，汉字是中华文明的基石。地名汉字在汉字系统中占有相当高的比例，这些地名汉字大多具有一定的地域性。这些具有一定地域色彩的汉字，往往与方言词联系紧密，又具有一定的方言色彩，特别是地名专用字，是地域文化和地域历史的反映，具有较强的文化内涵。有些地名汉字，在特定地域内通行，有特定的读音与意义。这些独特的地名汉字，既是我们研究地域民俗和地域文化的宝贵资料，也是我们研究方言和古音的珍贵材料。在浸透着中华五千年文化的土地上，有众多古老的地名，它们大多具有丰富的文化积淀、历史厚重，是中华传统文化的"活化石"，是中华文明史的见证，是宝贵的非物质文化遗产，是中华民族文化遗产的重要成员。在城市化进程高速发展的今天，我们更应珍视文脉。应对老地名展现足够的"尊重"，积极保护、自觉传承那些具有文化特色与内涵的老地名，延绵珍贵文脉，守护精神家园。

（二）教学实施路径

在教学中坚持以学生发展为中心，以小班化组织课堂，力争实现更高质量的"教"与"学"。将现代教育技术融入课堂，采用"学习通"等智慧工具，综合运用翻转课堂、对分课堂等以学生为中心的教学方法，切实增强教学感染力，让学生在亲身参与中加深对地名背后所蕴含的文化的理解，热爱地名这一非物质文化遗产。

课前：基于课程学习群和"学习通"平台布置相关预习任务。在课程群和"学习通"平台，有针对性地推送地名文化相关文章和学习资料，让学生提前预习，打好知识基础。

教学实施：通过8个教学步骤实现课程铸魂育才的教学目标。

1. 案例引入："六安"地名之争

讲述近期因"六安"地名读音问题而再次引发的热议。引用教育部、民政部、安徽六安当地、央视等主流媒体等多方声音，并提出核心问题引发学生思考："六"这个字为什么会有两个读音；"六"的读音"lù"只适用于地名吗？安徽"六安"地名的来源是什么？同时补充：人名和地名的"名从主人"原则。

2. 小组讨论及发言

以"对'六安'读音争论的思考"为话题，让学生在"学习通"以关键词作答发表看法。之后让学生分小组的形式进行探究，最后每个小组选择一名同学总结本小组观点。对学生的回答采取非标准化答案的评判标准，即不做对与错的简单评价，鼓励学生的创见。

3. 教师小结：现在"六安"的正确读音到底是什么？

播放《中国地名大会》关于古地名的案例片段，之后请学生一同朗读新华社评论《"六安"读音争议：请为文脉留一音》。总结古老地名的文化意义和文化价值，潜移默化引导学生自觉保护和珍惜中华文脉，保护地名非物质文化遗产。

4. 知识讲授案例二

坨"与"沱"反映的南北用字差异。引申总结：地名汉字的使用范围大多具有一定的地域性。这些具有一定地域色彩的地名专用字，是地域文化和地域历史的反映，具有较强的文化内涵。

5. 科研训练与文创实践（实践训练）

分析讲述地名科研和文创案例：在历史文化地名亟待保护的背景下，创新传承和守护地名非物质文化遗产的典型案例。教师讲解后，学生根据案例讨论思考小组科研或文创项目选题，形成选题方向，初拟选题内容简介和内容提纲。

6. 课程回顾与总结

回顾本次课所学内容并进行总结：中国的地名文化保护工作正在起步。地名研究正在从传统的地名考释中走出来，全方位的地名研究正在兴起。最重要的标志是语言学界对地名研究的关注和重视。对地名汉字的研究是语言学界关注的课题之一，除传统的研究字形、字音、字义等内容之外，更应注重揭示和挖掘地名汉字中蕴含的文化信息和民俗特征。毋庸讳言，对地名汉字的研究，我们做得很不够。特定的地名汉字往往流传时间久远，少则数百年，多则上千年。地名汉字是一类普通而又特殊的词汇。地名汉字是人民群众智慧的产物，存在于人民群众的交际之中，是一批"鲜活"的汉字。作为语言文字工作者，在非物质文化遗产保护观念越来越强烈的今天，我们有责任和义务对地名汉字加以研究。

7. 拓展学习资源推荐和作业布置（实践育人和作业育人）

第一，拓展学习资源推荐：央视《中国地名大会》相关视频片段；慕课：《南京历史与文化》地名文化章节；相关参考书目：《中国文化地名学》《汉语地名与多彩文化》等。

第二，课程作业：学生搜集地名实例，结合实例谈谈对"地名是非物质文化遗产"的理解，并按时提交，教师仔细批改后一对一反馈学生。

结合地名作为非物质文化遗产的特点，以小组为单位进一步打磨课堂创意设计，提交文创计划书，教学实践周展示路演。

8. 课后辅导：以"师生学习共同体"延伸课堂

第一，深入了解学生学习"地名与文化"专题后的反馈，了解他们最真实的学习状况、存在的问题和学习需求，倾心做好答疑辅导。其次，因材施教，一对一较为详细地反馈学生的作业情况，有针对性提出改进建议，记录作业情况，作为期末考察成绩依据。最后，构建"师生学习共同体"。教师全程精心指导学生结合专业参加"语言文字规范化大赛""重庆地名大会"等与课程密切相关的学科竞赛；在项目冲刺期间和学生并肩作战，辅导学生取得更好的成绩。

三、教学效果与反思

（一）教学效果

本课程以"语言与文化"课程中的地名文化专题为主题，结合实际语言生活中的鲜活案例，展示了地名与方言、语言特点、审美表述、历史文化等方面的内在联系，寓思想政治教育于专业知识，激发学生对地名文化的兴趣。通过课堂讲解、案例分析、小组讨论、田野调查等多种教学方式，引导学生深入思考地名文化的价值和意义，培养学生的综合素养和创新能力。课程教学达到了预期目标，收到了良好的教学效果，得到了学生的积极评价。

（二）教学反思

本课程采用了"四位一体""课赛研创"教学模式，即以课堂教学为主体，以竞赛活动为引擎，以科研项目为支撑，以创新成果为目标。这一模式有利于提高课程的实用性和趣味性，激发学生的主动性和创造性。但在教学过程中也存在一些不足之处：一是对部分地名文化知识的深度和广度还不够充分，需要进一步拓展和丰富；二是对小组合作讨论环节的组织和管理还不够规范，需要进一步细化考察标准和评价方式；三是对课前、课后培养学生自主学习能力的方法和手段还不够多样，需要进一步增加互动和反馈。针对这些问题，今后将不断改进和优化教学模式，提高教学质量。

四、案例分析与总结

该教学案例是语言与文化一流课程的专创融合典型案例，从以下五方面进行分析与总结。

（1）课程教学理念：本课程以地名作为非物质文化遗产为核心，引入社会热点案例，以地域用字差异为典型知识案例，以科研和文创项目训练与实践为目标，旨在培养学生的专业精神与责任担当、家国情怀与文化自信，提高学生的语言文字素养和创新创业能力。

（2）课程教学内容：本课程内容丰富多样，涉及地名的历史、文化、社会、心理等方面，展示了地名作为非物质文化遗产的特点和价值，揭示了地名汉字的地域性和文化内涵，引发了学生对地名背后所蕴含的民族心理和社会心态的思考。

（3）课程教学方法与模式：本课程采用了多种教学方法和模式，如案例引入、小组讨论、知识讲授、科研训练、文创实践等；结合现代教育技术和智慧工具，如"学习通"、翻转课堂、对分课堂等，实现了以学生为中心的教学过程，激发了学生的学习兴趣和动机，促进了学生的主动参与和协作学习。

（4）课程实践：本课程注重理论与实践的结合，鼓励学生在掌握基础知识的基础上，开展科研和文创项目的训练与实践。通过分析讲述地名科研和文创案例，启迪学生科研和文创项目选题思路，指导学生形成选题方向，初拟选题内容简介和内容提纲。同时，布置相关作业，要求学生搜集地名实例，谈谈对"地名是非物质文化遗产"的理解，并提交文创计划书，在教学实践周展示路演。

（5）课程体现教师育人初心：本课程体现了教师作为一名语言文字工作者的使命感和责任感，对中华传统文化的尊重和传承，对当代大学生的关爱和期待。教师在教学中不仅传授知识技能，还注重培养学生的思想品德、价值观念、人格修养等。教师以人文浸润式引导学生自觉以专业所学传承保护地名遗产，守护中华文脉；以科研训练与文创实践提高学生发现问题、研究问题和解决问题的能力；以师生共同体延伸课堂，深入了解学生的反馈、需求和问题，并给予及时有效的辅导和反馈。

结合上述三个案例，我们可以总结高校人文社科类专业专创融合教育课程教学的一般规律和特点：

第一，课堂教学要紧扣专业特色和社会需求，选择有代表性、有挑战性、有价值性的专业相关话题或案例作为教学内容，突出专业性与创新性相结合，提高学生的专业素养和创新意识。

第二，课堂教学要融入思政元素，以优秀传统文化为载体，深度融入德育教育，培养学生的家国情怀和文化自信，引导学生树立正确的世界观、人生观和价值观，增强学生的社会责任感和使命感。

第三，课堂教学要注重理论与实践相结合，以科研和文创项目为目标，设计有趣有用的实践活动，让学生在动手操作中锻炼专业能力和创业能力，提高学生解决问题的能力和综合素质。

第四，课堂教学要采用多种教学方法和模式，如案例引入、小组讨论、知识讲授、科研训练、文创实践等；结合现代教育技术和智慧工具，如"学习通"、翻转课堂、对分课堂等，实现以学生为中心的教学过程，激发学生的学习兴趣和动机，促进学生的主动参与和协作学习。

第五，课堂教学要建立有效的评价体系，包括诊断性、过程性和增值性评价，从不同阶段和维度考查学生的知识掌握和能力提升情况，反馈学生的学习效果和问题，指导教师优化教学设计和实施。

第六章

高校专创融合教育优秀师生案例分析

第一节 专创融合教育教师案例

一、教师在专创融合教育中的重要作用

专业教育与创新创业教育的融合是高等教育改革的重要方向,可以推动学生在专业领域不断研究、探索、创新,用创新推动专业学习更好地发展。两者的有机融合有利于大学生全面发展,特别是启蒙学生的创新意识和创业思维,塑造开拓进取的意志品质。专创融合教育体系构建需要多方面的参与和支持,其中教师是其中的微观要素,但却是非常重要的影响要素。教师在推进专创融合教育和培育优秀创新创业项目中起着至关重要的作用。主要体现在以下五个方面。

第一,知识引导者。首先,教师是学生获取专业知识和创新创业理论知识的主要渠道。教师通过自身的专业知识和经验,引导学生探索未知领域,激发学生的创新思维。他们陪伴学生在专业领域内不断成长,帮助他们打下扎实的专业理论基础,培养他们的专业素养。其次,教师还通过系统讲授创新创业理论知识,帮助学生掌握创新创业的基本原理、方法和技巧。帮助学生夯实专创融合教育中"专业教育"和"创新创业教育"的理论基础。这对于学生在创新创业项目中找到独特的切入点和解决问题的方法至关重要。

第二,实践指导者。首先,教师通过"双创"实践教学,帮助学生将理论知识应用到专业实际问题中,提高学生的创新实践能力。从项目的萌芽、策划、设计到实施,甚至到后期的优化改进,全程参与其中。他们守护学生的创新项目,从零到一,让一个个创新创意的种子从落地、生根、萌芽、开花到结果,帮助学生理解问题、解决问题、攻坚克难。其次,教师还通过在实践训练中孵化和成长创新项目,帮助学生将想法转化为现实,实现项目目标。他们形成专创融合教育中"创"的实践。这对于学生在创新创业项目中将想法转化为现实、实现项目目标具有重要作用。

第三,价值塑造者。首先,教师通过引导学生树立正确的价值观,培养学生的团队协作精神和社会责任感。他们通过案例分析、讨论交流、模拟演练等方式,让学生认识到创新创业不仅是为了个人利益,还是为了社会进步和人类福祉。这是专创融合教育的"根"与"魂",专创融合教育的根本在于塑造有灵魂、有使命的新时代创新创业型人才。其次,教师通过组织团队活动、协作任务、竞赛路演等方式,让学生体验到团队协作的乐趣和效率,

培养学生的沟通协调能力和团队精神。他们通过引导学生关注社会问题、参与社会服务、承担社会责任等方式,让学生感受到社会的需要和期待,培养学生的社会责任感和公民意识。他们帮助学生塑造专创融合教育中"创"的价值。这对于学生在创新创业项目中形成良好的团队合作氛围、实现项目的社会价值具有重要意义。

第四,品质塑造者。教师通过引导学生培养广义的创新创业精神,塑造"敢创会闯"的创新创业品质。他们通过激励学生拓宽视野、拓展思维、追求卓越等方式,让学生形成广义的创新创业精神,即不仅在创新创业领域,而且在各个领域都能展现出创新的意识和思维,以及开拓进取的广义创业精神。他们通过鼓励学生勇于尝试、敢于失败、善于总结等方式,让学生塑造"敢创会闯"的创新创业品质,即不仅在创新创业项目中,而且在今后的人生道路上都能面对挑战和困难,不畏惧失败和挫折,不断学习和进步,让每名学生真正成为自己人生的创业者。教师帮助学生塑造专创融合教育中"创"的品质。这对于学生在创新创业项目中克服困难、实现梦想具有重要作用。

第五,专创融合教育体系的设计者和服务者。首先,教师通过参与专业课程和"双创"课程的设计、开发、评估等环节,构建符合专业特点和学生需求的专创融合教育体系。其次,他们通过提供专业指导、项目诊断与辅导、心理支持等服务,帮助学生顺利完成专创融合教育过程。他们通过与社会各界建立联系、寻找资源、拓展平台等方式,为学生提供更多的实践机会和发展空间。他们为专创融合教育提供了有力的保障和支持。

第六,专创融合教育中坚定的陪伴者。教师不仅是学生学习的引导者,还是他们成长道路上最坚定的陪伴者,是专创融合教育的"经师",更是学生成长成才路上的"人师"。专业教育与创新创业教育的融合对于学生来说并非易事,需要学生投入更多学习实践的精力与时间。在这个过程中,教师的全心指导、全心陪伴、全心支持对学生来说至关重要。在理论学习上,教师倾心讲授专业知识和创新创业理论知识,帮助学生掌握专业基础和创新方法。在实践训练中,教师悉心指导学生从项目策划到实施的每一个环节,帮助学生解决实际问题和困难。在"双创"竞赛中,教师全程坚定陪伴学生参与竞赛的每一次激烈竞争。整个专创融合教育阶段,教师的一以贯之、锲而不舍对学生的付出和投入至关重要,是专创融合教育成败的关键要素。通过导师般、家人般的支持和付出,在陪伴学生专创训练与实践的过程中,师生间建立起深厚的师生情义、团队情义。这种情义超越了单纯的知识传授,更体现在对学生全面发展和人生成长的关注上。这种情义可以支撑学生在专创融合教育实践中,学生为梦而创,不断超越。总之,教师作为专创融合教育中坚定的陪伴者，不仅是学生的知识传授者，还是学生的成长导师。他们用自己的专业知识、创新思维、人格魅力和职业道德，影响和激励学生，帮助他们在专创融合教育中实现自我价值和社会价值的双重提升。

总的来说，教师在推进专创融合教育和产生优秀创新创业项目中发挥着不可或缺的作用。他们不仅需要具备丰富的专业知识、技能和创新能力，还需要具备良好的人格魅力和高尚的职业道德。只有这样，才能真正做到以学生为本，培养出既有理论素养又有创新实践能力的优秀人才。一名优秀学生创新能力的培养，一个优秀双创项目的成长，背后都一定离不开"双创"教师的专心指导全心投入。

二、专创融合教育优秀教师案例

推进专创融合教育的实践，最终要落脚在教师身体力行的砥砺实践中。教师是专创融合教育的核心要素，他们的行动和决策直接影响到学生的学习和发展。本小节将通过分析典型教师案例，从微观层面深入探讨教师在专创融合教育中的重要作用，关注教师如何通过自己的实践和经验，推动专创融合教育的发展。同时，我们也将探索教师在这个过程中遇到的挑战和困难，以及他们如何克服这些困难取得成功。通过这种方式，我们希望能够总结出一些微观层面推进专创融合教育的典型经验，为未来的专创融合教育实践提供参考和启示。这一探索不仅有助于我们更好地理解专创融合教育的内涵和价值，也有助于我们发现并借鉴成功的教育实践，推动专创融合教育的持续发展。

"四年师生，一世情义。"他期望在时空阻隔的这大学四年里，靠自己的满腔热血、一世执着，全力付出，真正成为他们生命中最知心的导师、一辈子的亲人。十三年来，他正是用爱心、真情、奉献，践行着自己的为师理想，书写着自己教师生涯的无悔青春，用生命中所有的心力、最美好的光华点亮每一名学子的成长路，给了"为党育人，为国育才"最大爱、最生动、最砥砺的诠释。

这是 2023 年初在重庆市首届本科高校教学奖颁奖典礼大会上，对重庆市普通本科高校教学新星奖获得者四川外国语大学王琥老师的一段介绍。这段话总结了王琥十多年教书生涯中他的育人初心，"用爱执教，全力以赴"。他是这样想的，也一直是这样做的。十四载岁月，他的教育理念深深植根于他对教育事业的热爱和执着，这种热爱和执着使他能够在教育实践中始终保持高昂的热情和坚定的信念。这十四年来的工作生涯不长，却衍生出因"双创"结缘、爱学生助力学生成长的诸多故事。这段专创融合的教育故事充分展示了王琥如何通过自己的实践和努力，推动专创融合教育的发展。他不仅在课堂上倾注全部精力，还在课外时刻关注学生们的成长和发展。他用自己的热情和专业知识，激发了学生们对知识的渴望和对未来的期待。从这段深耕文科专业专创融合教育十四载的育人故事中，我们能真切感受到教师在专创融合教育中的重要作用。他们不仅是知识的传播者，还是学生们成才道路上的引路人。他们用自己的实践经验和智慧，引导学生们找到自我，实现自我价值。

我们分别从以下几个维度来考察专创融合教育中教师所扮演的角色和发挥的重要作用，以探寻教师案例中的经验与启示。

（一）教师简介

王琥，男，汉族，中共党员，副教授，四川外国语大学中文学院教师，共青团重庆市委青年讲师团成员，重庆市首批课程思政教学名师团队负责人，全国第二批高校就业创业金课（全国共评选 20 门）课程负责人，荣获重庆市教学成果二等奖、重庆市课程思政优秀案例特等奖、重庆市本科高校教学新星奖等荣誉。目前主持、主讲国家级课程 2 门，主持省级一流课程和省级课程思政示范课 4 门，主讲参与省级课程 6 门，指导学生获省级及以上学科竞赛奖项 450 余项。

2023 年是王琥工作的第十四个年头。十四年来，他兢兢业业、创新进取、无私奉献，从辅导员、专任教师到学生班主任，他从来没有离开过心爱的学生，从来没有离开过教书育人工作。这是他最热爱的事业，他以赤诚之心传递信仰之光，引领学子成长；以忘我工作铺就学生成才之路，用十四年如一日的矢志坚守诠释着为"为党育人、为国育才"的初心如磐与使命担当。

十四年来，作为专任教师，他深耕课程思政，以课堂为主渠道，以"情浸式""双创"社会实践为创新方式，潜心教书育人。他主持、主讲国家级课程 2 门，主持主讲省级一流课程、课程思政示范课 9 门，深度挖掘课程的德育元素，让思想政治教育入耳入脑入心，润物无声，课堂教学评价连续四年进入前 10%，最高名列全校第 13 名。十四年来，他一直担任学生班主任，创新实践教学，以"青年红色筑梦之旅"系列活动铸魂育人，在课程门数多、工作量任务重的情况下仍然常年坚持利用休息时间和寒暑假无偿为学生补课、辅导学科竞赛、带队调研实践，近六年每年义务的实践教学工作量都超过 600 学时，近 15000 名学子成为受益者。累计指导 2400 多个项目（次）

参加中国国际"互联网+"大学生创新创业大赛等"双创"类、专业类竞赛。尤其在2017—2022年这六年的"互联网+"创新创业大赛中,每年全校参赛团队总数的25%~40%、省级获奖项目总数的近70%,均来自王琥老师所指导的团队;在近五年的全国大学生电子商务三创赛、iCAN全国大学生创新创业大赛等"双创"竞赛重庆赛区决赛中,王琥老师指导获奖项目数多次居全市前列。通过以赛促学的双创实践,让学子在实践创新中厚植家国情怀,夯实专业能力,传承中华优秀传统文化。十四年来,他情系学生,以父母爱子之心和孜孜不倦的学习态度全心引导学生成长成才,指导150多个学生团队获校级"创新创业"奖学金、30余人获国家奖学金、省级创新能力先进个人,他个人参与国家社科基金重大项目1项,主持省部级、厅局级教学科研课题9项,出版专著1部,获市级(以上)荣誉表彰近60项。他十四载情系学生的育人事迹在新华网、教育部大学生在线、华龙网等网站均有展示。

(二)开展专创融合教育概述

自2010年起,十四年来,他始终坚守在创新创业教育指导第一线,在几乎不计工作量的情况下,矢志倾心"双创"教育与指导。2014年,全校率先创办"红色筑梦型"创新创业教育中心,筚路蓝缕推进"双创"教育平台建设,引导学生深怀家国梦想在创新创业的实践中磨砺成才,培养具有家国情怀的青年创新创业者。十四年来,他舍小家顾大家,"极端"敬业,以生命的力量点亮学生成长之路,开设主讲6门专创融合型创新创业课程,其中"双创"类省级一流课、示范课2门,通识课4门,具体如表6-1所示。

表6-1 开设双创通识课简况表

序号	课程名	课程类型	建设情况
1	创新创业导论	"双创"通识课	全国创业金课 重庆市一流课程 重庆市课程思政示范课 重庆市一流课程示范案例
2	CDIO理念下创新创业训练	"双创"通识课	"双创"必修课
3	新文科专创融合训练与实践	"双创"通识课	全校选修课
4	大学生创业教育	"双创"通识课	"双创"必修课

他指导学生创新创业项目2400多项(次),受益学生达近15000人次,涌现寸草汉语、绿野仙踪、本草心木、无为农夫、小诗童、海纳汉语、芳馥

中华、巴山峡川等多项与学生专业密切相关的专创融合型"双创"实践明星项目。十四年来，他的学生荣获省级（以上）学科竞赛奖励 450 项，其中中国国际"互联网+"大赛、挑战杯、创青春、三创赛等高水平创新创业类省级（以上）奖励 280 多项（互联网+大赛省级奖近 50 项），近 10 次创学校乃至同类外语院校最高获奖纪录，学生获各类"双创"奖学金和研修资助近 40 万元，助力学子实现"创新俭学"。

近五年，他倾心"双创"教育研究和专创融合教育平台建设。

在"双创"研究方面，他荣获重庆市教学成果奖（中文专业专创融合型教学成果），主持省级教学改革研究项目、科研课题 9 项，其中重大 1 项（副主持人）、重点 1 项，科研课题也以"双创"类为主，以强劲的学习势头引领学生为"双创"梦想拼搏。

在"双创"平台建设方面，他以学院 2014 年成立的创新创业教育中心为载体，坚持红色文化领航青年学子创新创业，依托四川外国语大学传统文化体验与研究中心、四川外国语大学地名研究中心为载体，打造独具特色的专创融合型"双创"教育中心。在理念、机制、师资和实践活动等多方面着力突破，孵化有一定影响的关注社会现实、关切社会公益，体现新时代大学生责任与担当的文创项目。

因全心关爱学生和创新创业孵化指导的突出成绩，他获重庆市教学成果二等奖、全国三创赛最佳指导教师、全国三创赛优秀指导教师、全国辅导员年度人物入围奖、重庆市首批课程思政教学名师等省级（以上）荣誉近 60 项，获四川外国语大学首届感动校园十大人物等校级荣誉近 60 项；指导学生获省级（以上）学科竞赛奖 450 余项。尤以创新创业类成果独居全校鳌头，在全市同类专业中领先。优异的创新创业成果成为学校高校众创空间评估、学校申报获批重庆市大学生创业示范基地、学校申报国家级一流专业、获批市级一流专业等重大教学实践类项目的重要支撑材料。在 2019 年和 2020 年两年中国高等教育学会发布的高校学科竞赛榜中，四川外国语大学两度入围人文社科类高校前 20 强。最近五年学校在全国重要竞赛获奖成果的积分为依据排序，在这两次排行榜学校纳入算分的国家级获奖项目中，王琥一人指导的学生获奖成果占比全校总数的近 1/4。

优异成绩的背后，是他那常人难以想象的执着坚守与全情付出，是他深植心中的那份对学生家人般的挚爱，是他对自己"四年师生，一辈子情义"为师理想的深情坚守，是他对"双创"这份事业的深刻认知和热爱。整整十四年来的 5000 多个日子里，无论寒暑，无论假期，他放弃所有的个人爱好，牺牲所有的个人时间，舍下亲情家人，再苦再难的日子里也不曾放下学生，甚至痛失见挚爱亲人的最后一面，这是对"双创"教育的真情坚守与无私付出。他全力推进"双创"的初心和坚守得到多位市内外专家的较高评价。

（三）专创融合教育探索与实践

1."双创"教育初心使命

十四年来，王琥热爱"双创"教育这项事业。他认为，"双创"的核心在于与专业教育融合的创新，并通过专创融合最终学以致用，创造价值；"双创"教育的要义在于培养学生结合所学专业谋事业、创未来的素质与能力，这对于大学生成长成才尤其重要。深怀并坚守这样的"双创"初心，他不遗余力地推进专创融合型的"双创"教育，在几乎不计任何工作量的情况下，仍然矢志深耕"双创"教育平台建设，扎根"双创"项目孵化指导，一对一精心指导学生创新创业。他爱学生，倾其所有、他爱"双创"事业，如痴如醉。十四年来，他着力探索思想政治教育与创新创业教育深度融合，以红色文化涵养青年心灵，让红色基因融入青年血脉，培养具有家国情怀的青年创新创业者。

如同他经常回复鼓励学生的那样，在学生团队进入市赛决赛、面对众多强劲对手的时候，他为学生鼓劲打气，勉励学生认知比赛过程远比结果重要，在"双创"中锻炼能力是参加比赛的核心要义：

小旭同学好，从去年起，可以见证大家这个项目一路走来，越来越好，创造了很多奇迹，尤其是大家在夙兴夜寐的拼搏与竞争中，得到了很多锻炼，收获了成长，虽然有辛苦有挫折，但这是记忆中十分值得珍惜的事。见证大家在竞赛中收获成长也是十多年来一直鼓励大家参与、和大家共同努力拼搏的初心。九月中旬知道团队核心的同学学业遭遇了一些挫折，也一直颇为忧心……但是始终笃定相信优秀的你们，凭着一以贯之的坚韧和努力，一定可以越来越好，不管学业或就业，都能收获如诗如歌的未来。

一直以来，我纯粹也是因为对于指导学生这件事本身比较热爱，比较有感情，才在比赛这块特别投入……因为一直以来见证了很多孩子在比赛中成长。之前"双创"有海外研修的时候也让更多同学有了学校奖励出国研修的机会。难得这两年多，已经跨越三个年头，也见证了我们团队的成长和坚持，这份记忆特别值得珍藏……好多年没看到这么努力拼搏的身影了，所以你们的努力也一直感染了我，特别是在暑假期间，大家克服重重困难的努力劲真的很让人感动，所以后来也铆足了劲辗转争取到了那几次专家打磨的辅导机会。尤其是小旭同学，去年比赛和学习兼顾真的特别不容易，真心很优秀……

总之就是特别希望我们团队的同学都越来越好，越来越优秀。今年这一年也是你实现考学梦想的关键一年，一定要加油哦，梦想成真！

在学生团队遭遇比赛挫折，结果不那么尽如人意时，他总会语重心长地鼓励学生勇敢面对，珍视比赛过程中的成长与收获，积极迎接下一次的挑战：

同学们，这次的最终结果颇有些遗憾……我非常理解大家，因为见证了快一年以来（还不加上去年的互联网+大赛的时间）大家的努力和拼搏，更是因为大家所说的这段时光里大家熬更守夜的拼搏与努力，才让咱们锦上花项目越来越好，在每次激烈的竞争中一次又一次地"起死回生"，更让同学们自己的毅力得到磨砺，能力愈加提升……比赛的结果并不是参赛的初衷，也不是项目的终点，项目本身带给我们的成长意义和价值还会延续和发光，未来仍然可期。虽然王老师并不是专职的创新创业老师，创新创业只占很小甚至极小比例，但非常有幸成为大家这段成长时光的见证者和陪伴者。大家继续加油，希望大家越来越好。

这样一对一细致开展学生指导的工作方式一直是他十四年来工作的"法宝"，尽管每次面对的是数十个学生团队、数百名学生，每一次一对一指导与回复都会耗费他大量的时间和心力，但是在十四年的专创融合教育中，他仍然一以贯之坚持这样的工作方式。在他看来，唯有这样才能让每一个学生都能得到最需要的帮助和关注，唯有这样才能让每一个学生都能在专创融合教育中发挥出自己的潜能和创造力。十四年来，他始终如此，从不懈怠。同事们经常会问：在"双创"教育的工作实绩有什么样的"秘诀"？他经常笑着答道，或许这样一对一的关心与指导就是最大的秘诀，再加以时光的洗练与沉淀，就成了"双创"教育十多年制胜的诀窍。虽然方法有些笨，但充满真情实感，背后是育人的初心与坚守，背后是对每名学子的关爱与用心。

王琥老师一直致力于培养学生的创新精神，激发学生的创新激情，提高学生的创新能力，这是他坚守专创融合教育的一个梦想。他用自己的实际行动，为学生提供了专业的"双创"教学和丰富的实践机会，帮助学生在各类学科专业竞赛中取得了骄人的成绩。他对学生的热爱和付出，让学生感受到了他的真诚和关怀，也让他收获了学生的尊敬和感激。

这十四年来，王琥一直精心指导学生参加挑战杯全国大学生课外学术科技作品竞赛、"挑战杯"创业计划竞赛、"互联网+"大学生创新创业大赛等学科专业竞赛。他注重以赛促学、以赛促教、以赛促创、以赛育人，让学生在学科竞赛准备过程中加深对专业内涵与应用价值的理解，注重培养学生应用所学的语言学理论知识去解决实际问题的能力，同时在学生团队合作攻坚克难的过程中养成团队协作精神。他不仅教授学生专业知识和技能，还培养学生的创新思维和方法，引导学生从多角度、多层次、多维度去分析和解决问题。

每年的"双创"类竞赛大多在暑假，为此，王琥老师放弃自己的每一个暑假，对学生进行指导训练，陪着学生一同演练参加竞赛。他不惜牺牲自己的休息时间，全心全意地投入"双创"教育中。有时候一连半个月平均每天休息不超过 5 小时。每次连续熬夜以后，难掩的黑眼圈就是他留给学生最深刻的印象。每年的"双创"竞赛备赛大多在春节期间，王琥老师连续多年放弃寒假与家人过年的机会，和学生一起备赛。他不仅为学生提供专业指导和项目辅导，还为学生提供心理支持和鼓励。他用自己的热情和信心感染和激励着每一个参赛的学子。

很多学生毕业后都深情地谈道："王老师就像我们的家人一样，除了操心我们的学习和竞赛，还无时无刻不关心我们的生活，并尽最大可能提供帮助。"看到小孙同学在"三创赛"夺得特等奖后发给自己的消息——"王老师，我们获得特等奖，重庆市第一名，唯一的文创项目！谢谢您一路的付出和指导！"王琥老师倍感欣慰。对于始终与学生一起共同拼搏与奋斗的他来说，有什么能比学生收获成绩后洋溢幸福的笑脸更让自己成就感爆棚呢？他为学生的成长和成功感到无比自豪和幸福。

他用自己的实践证明了专创融合教育的价值和意义，他用自己的爱心诠释了教师的职责和使命，他用自己的榜样展示了教师的风采和魅力。他是专创融合教育中坚定的陪伴者，也是学生心中最值得感谢的老师。

2. 从"双创"教育到专创融合教育

归纳起来，王琥老师十四年的"双创"教育经历了三个发展阶段，每个阶段都有其特点。

第一阶段是广谱式"双创"教育阶段，从 2010 年 7 月到 2015 年 8 月。这一阶段处于专创融合教育的探索期。在这个阶段，"双创"教育与课堂教学融合度不高，主要是以第二课堂活动展开；学生"双创"项目与所学的专业有一定联系，但不够紧密。然而，这并没有阻止学生们在各类比赛中崭露头角。尽管"双创"项目与专业的联系度不够紧密，但学生们的创新精神和创业热情得到了充分的激发，专创融合处于生根发芽的阶段。

第二阶段是专创融合阶段，从 2015 年 9 月到 2017 年 8 月。在这个阶段，"双创"教育逐渐以课堂教学和第二课堂活动的"双主"渠道展开，两者相辅相成。"双创"项目与学生所学专业关联度逐渐提升。学生们在国家级、市级比赛中连创佳绩，为他们的未来职业生涯打下了坚实的基础。这个阶段的教育模式使得学生们能够将专业学习与创新创业教育有机结合起来，在基于专业的"双创"实践中成长，同时也让他们有机会将所学知识应用到实际项目中。

第三阶段是专业教育与"双创"教育深度融入，"嵌入式"融合开展"双创"教育阶段，从2017年9月至今。这个阶段，"双创"教育以课堂教学为主渠道开展，以第二课堂活动为辅。新建多门"双创"通识课程，探索专创融合型课程教学改革，专创融合型课程建设成绩突出。学生"双创"项目根植于所学专业，与专业密切相关。在这个阶段，学生的专业实践能力显著提升，学生"双创"获奖成果极为丰硕，专业影响和美誉度逐渐扩大；创新创业课程建设成果丰富，一流课程建设成效显著，"创新创业导论""地名与文化""语言与文化""语言文化与社会"多门课程入选重庆市一流课程和重庆市课程思政示范课，形成了文科专业开展专创融合教育的典型范式。如图6-1所示。

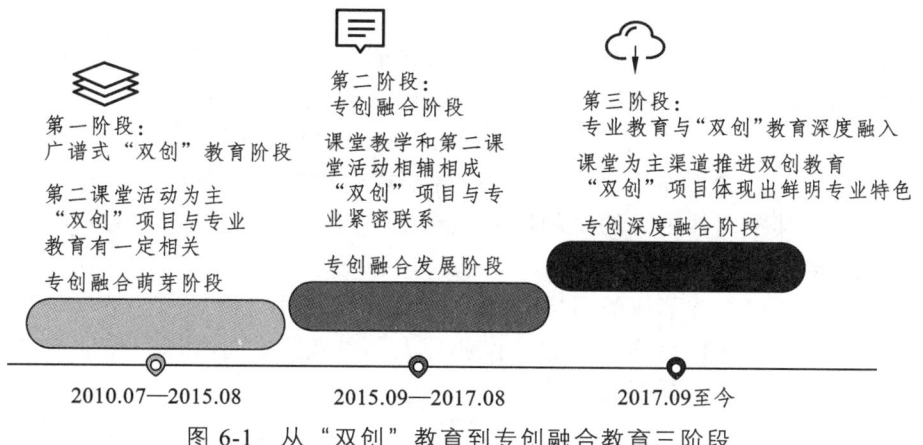

图6-1 从"双创"教育到专创融合教育三阶段

3. 深耕"双创"课堂教学创新

近五年，他共承担9门课程教学，年均教学工作量高达近600课时（含"双创"教育学时）。在课程门数多、工作量任务重的情况下，他始终坚持"情感浸润式"方式指导学生，近四年评教分数连续居全校前10%，其中最高居全校第13名。他主讲的"创新创业导论"获评全国高校就业创业金课、重庆市首批课程思政示范课、重庆市一流课程和重庆市一流课程示范案例，主讲的"语言与文化""语言文化与社会"两门课获评重庆市一流课程，主讲的专创融合型示范课"地名与文化""语言与文化"两门课获评重庆市课程思政示范课；主持建设校级人才改革培养项目"新文科创新创业菁英书院班"；参与建设的"汉语地名学"获评重庆市研究生课程思政示范课，开设的"CDIO 理念下创新创业训练""大学生创业教育""新文科专创融合训练与实践""互联网+汉语国际教育实践"等多门课程也广受学生好评。

十四年来，王琥深度探索"寓德于课"的课程思政教学改革和"专思创"三融合的"双创"教育，以红色文化涵养青年心灵，让红色基因融入青年血脉，使深怀家国热爱、致力创新创业成为青年学子的使命担当和坚定选择，培养具有深厚家国情怀的青年创新创业者，以课堂教学改革创新和一对一精细化指导的"课后师生学习共同体"助力学生实现更高质量的就业创业。

他是"寓德于课"课程思政建设的先行者。从 2015 年起，王琥就在课堂探索"寓德于课"模式，推进教学改革。研究将习近平新时代中国特色社会主义思想、中华优秀传统文化等德育元素深度融入课程教学。目前主持重庆市课程思政教学改革研究项目和市级课程思政示范教学团队，主持和核心参与 5 门省级课程思政示范课建设；课堂教学案例获重庆市课程思政优秀案例评选特等奖。

他还是"专思创"三融合"双创"教育的坚守者。王琥深耕"双创"教育十四载，开设 4 门"双创"通识课和 2 门专创融合课，主持建设四川外国语大学"歌乐书院"中的"新文科创新创业菁英书院班"。在"双创"教学中，创立"三融合四维度""双创"教育模式，深度融"双创"教育于教育教学全程。其中，他主讲的"创新创业导论"为目前重庆市唯一的一门全国高校就业创业类金课。

除了课堂教学改革成效突出，课后也投入大量时间和精力，坚持一对一指导学生，这也是他始终坚持的"作业育人"方式。在每次课后作业或者实践报告中，他总会这样回复：

小松同学你好，你的两份作业都很优秀，是所有答卷中最独特的！特别是在作业中读出了你很有价值、很有意义的思考，这尤为可贵！第一题致陶行知先生的信，写出了对先生最深的敬佩，升华了自己作为中文人今后致力于教书育人的理想，整篇文字文笔流畅，极富真情实感！第二题的提问更是将我们的课程意见搜集提升了一个层次。你的思考很有价值，你关注的也一直是我们共同关心的。创新创业教育课程作为必修课进入课堂最早是在 2016 年，自全国高校开设必修课以来，你所说的几个问题也一直是争议研究的焦点，目前也没有完全统一的定论，不同类型的高校在开设课程理念上有所不同。而我个人比较认同的是"谋事业，创未来"这一理念，也是广义的创新创业概念。这一理念也体现在我们的课堂安排中，虽然我们最终落实在让大家结合专业去做科研、参加创新创业训练与实践这一具体的要求上，也许并不是最为契合的，但我想，贯穿其中的"成长"这一核心主张，大家是可以体会到的。很多我们身边的优秀学姐学长确实在创新创业竞赛中实现了成长成才，有了最为理想的毕业去向！所以希望你们可以比他们当年收获得更多。匆匆就笔，言不尽意，以后可以再多交流。——王老师

小雨同学你好，很开心这学期能相遇在"创新创业导论"的课堂。这学期的课尽管在晚上，一整天的满课很辛苦，但每次课上和作业都能看出认真与投入，尤其是小雨同学的每次"学习通"和纸质作业都完成得极其认真，有特别多思维的火花；即使是短篇幅作业，也能看出专心的思考和琢磨。上次的小组展示呈现，极具传统文化底蕴，特色突出，非常赞！时光流转，与"创新创业导论"班的你们因课程相识已近四个月。能相识在你们最美好的大学时光，我很荣幸，也更珍惜，希望一学期的课堂能带给你一丁点的启发、一些个收获，对我们中文专业的"创新与创志业"精神有更多了解和情感。岁月如歌，四个月的时光悄然而过，咱们的课程也快暂告段落了，预祝小雨同学在大二的时光里学业更上层楼，中文专业越学越好。

展信佳！两份作业收到！两份作业1600字，足可以说明"创作者"的优秀和投入！我想第一次课，尽管囿于线上的课堂，但是课程目的已达到。你的文章淋漓尽致地体现了每个人都是自己人生的创业者，都在创造自己的人生这一创新创业教育的真谛！心中有光亮，便可为理想勇敢前行！文笔不仅流畅，而且有张力！我想，若小宁同学保有这份认真，假以岁月的洗练，你一定会遇到更好的自己！真心为你加油！第二份作业中，小宁同学提出了很好的建议，非常好！关于我们的前几次课程，限制于目前在线教学的条件，很多线下的小组讨论或者团队活动无法正常开展，期待后期我们进一步改善。大一下学期是学业关键期，积极参加竞赛，非常难能可贵的是你还报名了"大创"，真心为你加油！——王老师

在从教生涯中，不管一学期面对的是几十名还是数百名学生，这样认真阅读并一对一回复学生的作业，帮助学生诊断提高，同时一对一真诚鼓励学生，始终是他坚持的工作方法。也因为如此，他主讲的课程每学期学生评教也一直居于同类课程最前列。他的"双创"课程，几乎每学期都有因没选上课而慕名旁听的学生。学生们认为，在他的课堂中收获的或许不仅仅是知识，还有积极进取的信心与探索未知的勇气。

4. 专创融合教育平台建设

十四年来,他坚持创新创业教育立德树人的初心,牢记为党育人、为国育才使命,用红色文化领航青年学子创新创业,全心投入创新创业教育平台建设和项目孵化指导,建设红色筑梦型创新创业教育中心。引领创新创业的青年学子关切社会现实、勇于担当,在奋斗中释放青春激情、追逐青春理想,将个人创新创业志向与追求融入国家和民族的事业中。

近年来,他以中文学院"双创"教育中心为载体,全力探索"科学研究+语言产业+文化传承+创新创业"融合的专创融合型孵化平台建设。依托学院央地共建实训中心"传统文化体验与研究中心"、市级人文社科普及基地校"地名研究中心"的科研优势和场地优势,建设集"双创"教育、孵化、研究、实践四位一体专创融合型孵化平台,成效显著。

首先,探索中华优秀传统文化深度融入创新创业教育,依托占地面积 800 平方米的传统文化体验与研究中心,将传统文化深度"溶"于"双创",引导学生以外语和专业优势参与"双创",服务国家战略,传播中华文化。其次,探索"科创融合"。探索将国家社科重大科研项目等教师科研项目融入"双创"教育,充分发挥教师科研优势,引导学生参与科研成果转化和开展"双创"实践,提升学生创新创业的含金量和成功率,主要依托重庆市人文社科普及基地校地名研究中心开展,孵化地名文创工作室等文创项目;再次,探索"产教融合",和校创业示范基地密切联系,将"双创"中心孵化较为成熟的"语言产业""文化创意"项目输入至学校市级创业示范基地——跨境电商与多语言服务中心创新创业孵化园区继续培育。最后,探索"校企融合",邀请企业导师、行业专家到校讲学,建设校企合作实训基地,校企合作共同培育孵化"双创"项目。具体如图 6-2 所示。

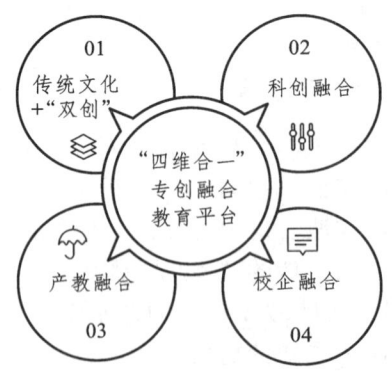

图 6-2 "四维合一"的专创融合教育平台

5. "双创"项目孵化指导

近五年来,他深耕"双创"研究,尤其注重专创融合教育研究,推进"双创"孵化平台向研究型"双创"教育平台发展;他扎根"双创"指导,助力更多学子成长成才。他主持主研多项教学改革项目:于 2011 年起探索 CDIO 理念下创新创业教育"243"体系改革;于 2014 年创办学校首个红色筑梦型创新创业教育中心;于 2017 年着手塑魂育才相融合的"创新创业导论"课程思政"135"模式改革;于 2018 年探索"三融合"理念下的创新创业系列课程赛课合一模式实践;2018 年起研究重庆市高校创新创业教育典型模式;2020 年主持市级教改重点课题,探索创新创业教育系列课程"德融课堂"模式改革;从 2021 年起,作为副主持人进行市级教改重大课题研究,探索中文专业"三融合""双创"教育改革;从 2023 年起,以校级人才培养实验班"新文科创新创业菁英书院班"为载体,探索外语类专业专创融合教育的路径与方法。近五年发表"双创"教育相关论文 10 余篇。

1)指导双创竞赛成效

他累计指导创新创业项目 2400 多项(次),参与学生 15000 余人次,写下了累计约 3000 万字的项目计划书。其中涌现雄关漫道、芳馥中华、寸草汉语、新桃换旧符、每人志、爱芽志愿服务等一大批关注社会公益、彰显大学生家国热爱的文创项目。他的学生荣获挑战杯、中国国际"互联网+"大学生创新创业大赛等高水平学科竞赛省级及以上荣誉 450 余项。其中,高水平"双创"类竞赛省级获奖 280 余项,占全校同类竞赛省级获奖总数的近 70%,近 10 次刷新学校创新创业类学科竞赛获奖历史纪录,他所指导的一个学院的获奖数量达到甚至超过同类文科院校一所学校总的获奖数。所指导的学生获奖成果,在"互联网+"大赛、挑战杯、三创赛等全国重要"双创"赛事保有学校最高获奖,获三创赛全国特等奖、全国一等奖等对文科院校来说殊为不易的优异成绩。部分标志性获奖成果如下:

2014 年大学生创新创业训练计划立项,王琥所带 2011 级学生获批国家级立项 2 项、省级立项 15 项,占全校获批国家级立项的 50%、省级立项的 65%。作为纯文科专业的一个年级获评立项数占比全校总数一半以上,这样的成绩实属惊人。

2014 年创青春全国大学生创业大赛(挑战杯创业计划竞赛),中文系公益创业竞赛作品《重庆绿野仙踪自然教育工作室》以公益创业类第一名的好成绩一举夺得重庆赛区总决赛金奖,并入围全国复赛,成为代表重庆赛区参加 2014 年"创青春"全国大学生创业大赛全国复赛的 31 件优秀作品之一,并最终在全国总决赛中获得铜奖。这一获奖为中文系参与创新创业类赛事创下一个新的里程碑，也是学校在挑战杯竞赛首次获得总决赛奖项。

2015年重庆市首届青年公益创业大赛，经过初赛后的全市前30强团队中，王琥指导团队独占其中3强。在总决赛中，王老师所指导的团队最终一举拿下比赛10个市级奖项的2项：绿野仙踪自然教育工作室勇夺比赛最具公益价值奖（全市仅两项）和大赛三等奖两个市级荣誉。这是四川外国语大学中文系学子继"创青春"大学生创业大赛获得全国铜奖、取得参加创新创业类比赛历史突破后，在省市级创新创业类比赛中取得的又一佳绩。

2015年暑期指导学生创业团队"见素茶斋"创业实践，同年参加重庆市第五届大学生创新创业大赛，在全市6000余支队伍排名全市第15名，获三等奖，是前20强唯一两项文科类项目，为学校在此赛事中首次获奖。

2016年第二届中国"互联网+"大学生创新创业大赛重庆赛区决赛中，王琥老师指导6支团队获重庆赛区奖项，其中银奖1项、铜奖3项，作为指导教师的获奖项目数居全市最前列。

在2016年重庆市第七届科慧杯研究生创新创业大赛中，他指导的学生团队获创业实践组中期考核二等奖，排名前十，进入决赛，为学校科慧杯竞赛中取得的历史最好成绩。

2017年第七届全国大学生电子商务"创新、创意及创业"挑战赛总决赛，王琥老师指导"新桃换旧符"项目入围全国总决赛终极对决赛，获总决赛特等奖，是同类外语院校三创赛的最高获奖。

2017年第三届中国"互联网+"大学生创新创业大赛重庆赛区决赛，仅王琥老师带的一个年级参赛总人次就占全校500余人次的约一半，占全市大学生参赛比例约为3%，他所带的年级学生参赛比为18.2%（部分优秀学生参与两个以上项目）。最终他所指导的美食美客团队从全市7000余个参赛项目中脱颖而出，获重庆市金奖，评奖比例约为千分之四。

2018年重庆市第六届大学生创新创业大赛，王琥老师指导爱芽团队从5700余支团队进入全市前60强，是市赛60强中唯一的文创公益类项目。

2018年中国高等教育学会主办全国首届高校创新创业创造教育成果精品赛总决赛，王琥老师指导"美食美客"团队和"新桃换旧符"团队进入总决赛。在总决赛中所指导团队与众多综合类、理工类名校的高科技团队同台竞技，最终不负众望，最终入围大赛前50强，获三等奖，新桃换旧符团队获优胜奖。所指导的项目作为文科院校文创项目在此次大赛的参赛成绩和众多国内知名高校不分伯仲。

2019年第九届全国大学生电子商务"创新、创意及创业"挑战赛重庆赛区决赛，王琥老师指导 9 支团队进入决赛，最终 2 支团队进入全市前 10 强，获市级特等奖。本次大赛他的团队共获得 10 个市级奖。他作为指导老师的获奖数再次居全市最前列。

2020 年第十届全国大学生电子商务"创新、创意及创业"挑战赛重庆赛区决赛，王琥老师指导 6 个团队进入市级决赛，最终获重庆市一等奖 1 项、单项最佳奖 1 项、二等奖 1 项、三等奖 3 项，总获奖数 7 项。他作为指导老师的获奖数再次居全市最前列。

2021 年第十一届全国大学生电子商务"创新、创意及创业"挑战赛总决赛，王琥老师指导 2 个团队进入国赛（占全市高校入围总数 1/3），最终获国赛一等奖 2 项（全国前 50 强）、最佳创新奖 1 项、优秀指导教师奖 2 项。一人指导两个团队获一等奖的突出成绩在三创国赛极为罕见，作为指导老师的获奖总数名列此次大赛 1000 余所参赛高校指导教师最前列。

2021 年 iCAN 全国大学生创新创业大赛重庆赛区选拔赛决赛，王琥指导 20 个团队获得重庆赛区竞赛奖，作为指导老师的获奖项目数居重庆赛区最前列。其中两支团队获得市赛一等奖晋级国赛，最终获得国赛三等奖。

2021 年 12 月，"创业西部留·在双城"第二届成渝地区双城经济圈留学生创新创业大赛决赛中，所指导的"芳馥中华"项目团队经过激烈的初赛，从 113 个报名项目中脱颖而出，成功晋级总决赛。在决赛现场，"芳馥中华"项目团队与来自川渝两地的 19 个团队、26 名归国留学人员和 34 名外国留学生同台竞技，得到了评委的一致好评及现场观众的热烈掌声，最终荣获三等奖，位列高校组前四，创我校留学生近年来参与"双创"的最好成绩。

2022 年第十二届全国大学生电子商务"创新、创意及创业"挑战赛重庆赛区决赛，王琥老师指导 6 个团队进入市级决赛，最终获特等奖 2 项，特等奖项目居重庆赛区决赛第六名、第七名，同时获一等奖 2 项、三等奖 2 项。他作为指导老师的获奖数再次居全市最前列。同年，两支市赛特等奖团队晋级国赛，并最终夺得国赛一等奖和三等奖。

2022 年 iCAN 全国大学生创新创业大赛重庆赛区选拔赛决赛，王琥指导 26 个团队获得重庆赛区竞赛奖，作为指导老师的获奖项目数再次居重庆赛区最前列。其中 3 支团队获得市赛一等奖，"龙印象"团队晋级国赛并最终斩获总决赛三等奖。

2023 年"创业西部，留·在双城"第三届成渝地区双城经济圈留学生创新创业大赛决赛中，王琥指导的"龙印象：非遗皮艺的成渝复燃与国际传播"团队与来自四川大学、重庆大学、西南大学、成都理工大学、四川农业大学、重庆邮电大学等多所高校的优秀项目同台竞技，以出色的临场表现和前期积累脱颖而出，获全场最高分，夺得冠军，荣获大赛一等奖，再次取得学校"双创"竞赛省级获奖的最佳成绩。

2023年第九届中国国际"互联网+"大学生创新创业大赛重庆赛区决赛，王琥指导的"数智科技+教育：在线学习与智能教育创新（"阅"下独酌）"获产业赛道铜奖，是学校首次在产业赛道取得省级奖项。

2）获奖项目特点

第一，"双创"项目选题与学生专业紧密相关。王琥所指导的"双创"项目大多基于中文专业、外语专业等文科专业的学生特点和优势，结合文化创意、社会公益、科技创新等多个领域，选择了具有针对性和实用性的项目主题。如"小诗童"项目，是一款针对儿童学习古诗词的线上线下相融合的学习教育平台。如"芳馥中华"项目，致力于结合专业所学，保护和传承非遗香道文化；"见素茶斋"项目，以茶艺研习为主要形式，致力于保护和传承茶文化；"扇瓷坊"项目，关注非遗传承，将地名文化通过陶器与折扇传播，为地名非物质文化遗产发声。

第二，"双创"项目体现学子的家国情怀与责任担当。王琥老师指导的"双创"项目不仅关注自身的创新创业目标，也关注社会的需求和发展，体现了大学生的社会责任感和爱国情怀。如"非遗童学荟"项目，是一款以二十四节气为主题的非遗文化传承教育产品，旨在让更多的儿童通过创新的研学方式，了解和感受中国传统文化；"爱芽"公益项目，是一款为自闭症儿童提供心理辅导和社交训练的公益项目，旨在关爱和帮助这一特殊儿童群体；"新桃换旧符"项目，关注废旧衣物所造成的环境污染，致力于将可利用的旧衣回收改造，赋予旧衣以"新颜"，为环境保护贡献力量；"川渝流音"项目，是一款以方言学习和交流为载体的线上平台，旨在保护和传承川渝地区的方言文化；地名文创工作室项目，是一款以地名用字及文化为素材的文化创意产品，旨在保护和传承地名非物质文化遗产；"大梦想家"项目，关注乡村孩子的求学梦想和职业生涯规划，结合大学生的专业所学指导帮助孩子们，助力他们实现考学梦想。

第三，"双创"项目融入专业前沿。王琥老师指导的"双创"项目不仅立足于文科专业的基础知识和技能，也积极探索和应用专业前沿的理论和方法，提升项目的创新性和竞争力，实现学科交叉赋能。如"汉阅府"项目，是一款利用人工智能等技术为汉语教育赋能的智能阅读平台，旨在提高汉语学习者的阅读能力和兴趣。"筑梦阁"项目，是一款利用虚拟现实、增强现实等技术为旅游赋能的互动体验产品，旨在让游客在领略山川秀美的同时，更加深入地了解和感受中华优秀传统文化。

6."双创"竞赛指导模式与指导经验

一个又一个"双创"荣誉的背后,是一段又一段刻骨铭心的情感故事,是一个又一个有关为爱而赛、为梦而创的成长故事。优异"双创"成绩的背后,是这十四年来王琥和孩子们全力以赴的拼搏和夜以继日的付出。由于王琥本身的教学、科研、行政、班导师工作已满工作量,加之指导的参赛团队数量每次都占到全校总数的近一半,每次都有 50~60 个团队参赛,而每个团队仅写下的创业计划书平均就超过 2 万字,多的达五六万字,更有市场调研、创业试运营等大量的实践指导工作。王琥又特别希望保护每个孩子的创意,让每一个创意都能生根、发芽、成长。这让他几乎放弃了自己所有的兴趣爱好与休闲时光,不舍昼夜,经常指导学生创业计划书修改、创业实践策划设计到凌晨三四点钟,甚至一连半个月每天都只休息三四个小时。他成为同事们心中公认的"双创""工作狂"。同事们说,他的工作热情如黄河之水决了堤,一心向着学生的创新创业梦想奔涌而去。也正如同王琥所指导的优秀学生蒋世林在获奖感言中所说的那样:

在自己大学四个年头周末的时光里,因参加市级决赛几乎匆匆走遍了重庆主城的院校:领略过初春时节的重大、气温爆表时的南山、盛夏暴雨中的重师、金秋的理工花溪河畔、隆冬中的川美;阴雨绵绵的缙云山麓……十多所高校的周末一日游,那一年四季不同校园的鸟语花香……四年"双创"中筑梦成长。每当在这个时候,王老师又是一个独特的存在,因为几乎只有他是坚守全程的老师,陪我们经历成功的喜悦,也陪我们体验失败的辛酸……他甚至好多次被当成参赛学生,因为他比学生还更积极、更专注、更拼命……而"双创"市级决赛一般耗时至少一整天,大多从微微晨曦到夜幕降临,每一次又都是他陪着我们最后离开……

学生们深知,王老师真的是为他们的"双创"梦想倾尽了所有心力。

1)竞赛指导模式

在指导竞赛过程中,他创立了"241"竞赛指导模式,即着力于在培养创新人才,提升学生就业竞争力的路上,构建"两方面的激励机制""四维度的教育载体""一个核心的总抓手"三方面相互融合、相互促进的创新创业教育模式。具体而言,"2"即"榜样领路"和"家校联动"相结合的激励机制;"4"即系列导学讲座、系列院级创新创业竞赛、专业课外研习小组活动和创新创业实践训练营等四位一体的创新创业教育载体;"1"即以鼓励学生参与高水平创新创业竞赛和实践活动为抓手,凝练创新创业成果,全程一对一精准辅导，确保学生创新实践能力和就业竞争力的提升。如图6-3所示。

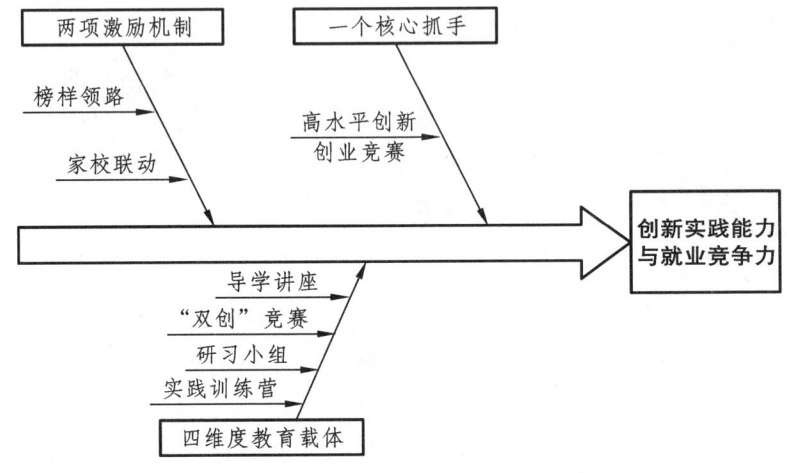

图6-3 "241"双创竞赛指导模式

（1）建立学生参与创新创业活动的激励机制。

第一，"榜样领路"激励机制。一是通过院系（年级）微博、微信公众号等平台加大对创新创业优秀成果和典型学生的宣传，着力营造氛围，让学生形成强烈的参与意识与热情。二是定期举办优秀团队经验交流分享会，打造良好的交流平台。三是开展系列表彰，如在院系毕业表彰中，增加"创新人才奖"这一荣誉称号。

第二，家校联动"激励机制。家校合力，共同激励学生提高参与热情。与我们坚持六年的特色做法，即假期新型家访结合起来，在实地家访以及和家长的电话沟通、寄送一对一个性化评语等交流中，建议家长从家庭教育的层面引导学生参与创新创业相关活动。

（2）建立"四位一体"的创新创业教育载体。

一是开展系列创新创业导学讲座，着力启蒙学生的创新意识。开展系列讲座，有针对性地邀请创新创业领域专家、专业教师、毕业校友举办相关讲座，启发学生创新创业。目前已形成"新生导学大讲堂""未来与发展""创新创业专家讲坛"三个系列讲座。

二是成立专业课外研习小组，着力启迪学生的创新精神。成立院系创新创业导师团，在导师指导下，鼓励学生跨年级、跨专业组建课外研习小组，定期开展创新创业主题研讨、学习心得交流等活动，启迪学生的创新精神。

三是开展系列院系级创新创业竞赛，激发学生的创新能力。精心组织系列院系级创新创业竞赛，增强学生实战演练能力。目前已形成系创新创业训练计划立项、创新创业论坛、创业项目策划大赛、简历设计大赛等一系列常态化品牌竞赛。

四是开办创新创业实践训练营,系统提升学生的实践能力。开办创新创业实践训练营,广泛吸纳系优秀的创新创业个人和团队入营,对创业中心内学生团队的创业项目进行重点扶持和培养,开展创业先锋培训班、创业园区参观、创业项目路演展示等系列活动。

(3)以高水平学科竞赛和实践活动为抓手,促进学生实践创新能力的凝练升级。鼓励学生积极参与大学生创新创业训练计划、挑战杯竞赛、"创青春"大学生创业大赛、中国国际"互联网+"大学生创新创业大赛等国家级高水平创新创业类竞赛和创新创业实践活动,全程一对一精准辅导。让学生在激烈的竞争环境中,通过备赛进一步磨砺意志等,进一步提高实践创新能力等就业核心竞争力。

同时,在实践中,根据学生所处不同年级的阶段特点,以"一年级培养意识打基础、二年级集中培训提能力、三年级重点组队练实战、四年级服务社会促就业"的教育思路,运用"241"教育模式,针对一年级学生,重点开展普及性导学讲座,让学生进入大学后第一时间接触创新思维,推动其形成创新意识;针对二年级学生,重点开展专业性导学讲座和课外研习小组活动,着力提升学生实践创新能力的基本素养。针对三四年级学生,重点开展院系创新创业竞赛和创新创业实践训练营,鼓励有能力的学生参加高水平创新创业竞赛和实践活动,促进学生实践创新能力的最终形成。如图6-4所示。

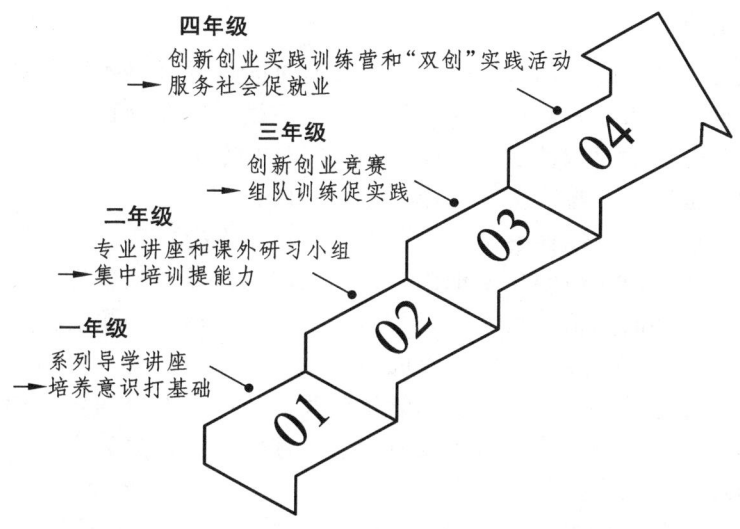

图6-4 "241"竞赛指导模式运用过程图

在"241"竞赛指导模式的运用中,有以下三方面需要注意:

第一,将"榜样领路"和"家校联动"激励机制贯穿大学四年,始终是运用"241"指导模式的重要基础。让学生深刻认识参与创新创业活动的重要性和意义,不断鼓励学生战胜参与过程中的困难是推进创新创业教育的难点和重点。为此,应始终坚持运用激励机制,让学生保持参与热情,攻坚克难。

第二,坚持一对一精细化开展工作,是运用"241"指导模式的关键。尤其在激励机制与核心竞赛中,必须根据学生的个性化特点,坚持一对一开展工作。一对一鼓励学生个人,一对一联系家长形成教育合力;在学生参与高水平竞赛时,一对一地全程精心辅导学生。

第三,将创业创新教育与专业教育紧密结合。坚持专创融合教育,将更有利于激发学生参与热情,促进高水平科创成果的产出,进而最终推动学生就业竞争力提高。

2)竞赛指导心得

他曾这样总结自己指导学生"双创"竞赛的心得,称为"九个原则"。

第一,提前准备,主动出击。"双创"比赛的准备工作应该提前启动,不能等到竞赛通知发布后再行动。一般提前半年开始孵化新的创意项目,可以充分利用备赛的这段时间,对项目创意进行深入探讨和多轮修改,从而提高项目的成熟度和竞争力。比如,中国国际"互联网+"大学生创新创业大赛每一年的比赛通知发布、启动时间一般在当年的3月到5月,但他指导学生团队的培育孵化工作一般在前一年的10月份左右就已经开展,在当年寒假期间对项目不断打磨提升。

第二,一对一辅导,因材施教。即使面对的是近百个团队参赛,也要坚持一对一辅导团队、一对一指导学生。每个学生、每个项目都有其特殊性,需要有针对性地指导和帮助。这种个性化的教学方法对学生的成长和发展有深远影响,也有助于每一个"双创"项目的成长。

第三,指导项目过程中比学生更晚休息。作为指导者,教师需要比学生更晚休息,以保证在他们需要帮助时,我们总是在线并准备好提供支持。这需要我们有足够的热情和毅力,以及对教学工作的热爱和执着。

第四,鼓励和安慰学生,正视成功和失败。在激烈的"双创"比赛中,成功和失败都是常态。对于成功的学生,我们要给予充分的赞扬和鼓励;对于失败的学生,我们要第一时间及时安慰,帮助他们从失败中找出问题,从而转化为成长的动力。

第五,保护和呵护学生的创意,给予坚实的支持。每一个新项目都是学生的心血结晶,我们要尊重他们的努力,保护他们的创意,给予坚决的支持。不应该外传学生的计划书,而应该帮助他们从零开始,一步步构建自己的项目。

第六,时时、处处都是开展创新创业指导的时机和"阵地"。"双创"教育的付出,不仅仅在课堂,更多的是在课后全力以赴对"双创"项目予以关注。"双创"项目的萌芽成长也充满了偶然性,一个新的想法或灵感或许就产生在一瞬间。为此,"双创"教育不仅仅局限于教室,任何地方都可以成为我们的"阵地",任何时间都要对学生提供关心和帮助。无论是教室、操场边,还是食堂旁,无论是课间、课后还是其他休息时间,我们都可以通过与学生线上或线下交流和交谈,进行"双创"教育的指导,无微不至支持学生每一个创意想法的成长。

第七,葆有锲而不舍的精神。"双创"比赛的战线长达一年,这需要我们有足够的耐心和毅力。只有坚持到底,才能看到结果,才能收获成功的喜悦。

第八,在困难和挑战中保持强大的心态。"双创"教育的过程是充满挑战和困难的,我们需要有强大的心态,包容学生的懈怠,理解他们的困惑,时刻做他们的心灵导师,鼓励他们充满信心,继续在创新创造中探索未知的可能。

第九,心怀理想,为梦为创。14 年的"双创"指导、5000 多个日夜,在与学生共同参与"双创"的过程,不仅仅只是学生知识与能力的提升,更是一生一世师生情分的积淀。每一次悉心的指导都深深烙印在学生的心中,每一次共同为梦想拼搏的记忆都写在了岁月的年轮里……日日复月月,月月复年年,年年复此生。"四年师生,一世情义"的理想在"双创"教育中得到升华。

7. "双创"教育取得的成效

优秀的"双创"成绩助力他的学生们就业创业能力显著提升,毕业生自主创业成果丰硕。王琥老师所在学院"双创"成绩已连续 11 年雄踞全校第一,这扎实提高学生"谋事业、创未来"的能力,为学生的成才提供强大助力。毕业生优质就业率提升明显,自主创业学生人数显著增加;毕业生就业选择多元化特征突出。他直接指导的 2015 届应届毕业生就业水平更是达到学院十年来历史最高,多名优秀毕业生分别被美国哥伦比亚大学、英国伦敦大学学院、英国曼彻斯特大学等世界著名学府录取;在国内考研中,多名学生考入上海交通大学、南京大学等院校。毕业生自主创业比例也高,涌现了不少关注中华传统文化保护与传承的专创融合型优秀文创项目,和不少事业有成的优秀创业典型青年才俊,如某品牌手机大区经理小邱同学、深圳青年创业典型小付同学等。这些都彰显了"双创"教育的神奇魅力。

与"双创"结缘的这十四年，优异育人实绩的背后，是十四年来作为"工作狂"的王琥和孩子们全力以赴的拼搏与努力。由于他本身的教学、科研、班主任工作已超负荷，加之指导的参赛团队数量每次都占到全校总数近一半，王琥又希望保护每个孩子小小的创意，让小小的创意都能生根、发芽、成长，助力他们更好地就业。这让他几乎放弃了自己所有的兴趣爱好与休闲时光，经常工作到凌晨三四点钟，甚至一连半个多月为工作为学生每天都只休息三四个小时。为了学生有开阔的视野和企业思维，他自费出资聘请专家对学生的创业实践进行指导。在他人沉浸于花前月下的浪漫时，王琥老师在埋头看学生的比赛策划书；当他人入眠入梦时，他在反复琢磨如何把学生的创意打磨得更好；当他人享受与家人、朋友的休闲时光时，王琥还在与学生一对一交流，一对一回复他们的疑问……

十四年来，因长期高强度的工作让他的健康频亮红灯，他常年带病坚持工作，数次在医院病床都还在坚持指导学生，两次假期间因为辅导学生劳累过度而到医院抢救。

十四年里，因为忙于学生实习、"双创"，他从没有消消停停地过过一个假期。

十四年来，因为辅导学生专业、比赛，自己的视力从三百度加重到六百多度。

十四年来，因连续熬夜加班，他的发际线从额前撤退到幕后，也有喝了太多的浓茶、咖啡副作用突显的困扰，更有带队学生参赛痛失见他最挚爱的奶奶最后一面，成为终身遗憾……但他认为："执拗的情怀何惧艰辛，执着的初心何畏荆棘，怀抱着希望和理想，再辛苦的行程也不乏浪漫色彩！"王琥老师说："我愿意和我所有的学生一起，将我们的感情故事进行到底。我愿意终生与学生为伴，这是我的信念，也是我的心愿。"情之所起，情之所以，任时光沧桑、岁月变迁，王琥老师仍育人初心如磐，28个寒暑假期，一以贯之地全力投入时间、青春和生命，去灌溉孩子们的成长梦想。

与"双创"结缘的这十四年，矢志不渝坚守"双创"、投入教育工作的背后有这样的一个信念：源于对孩子们的深爱，"和孩子们结下最真挚最难忘的情谊，一辈子的情义。多少年后，他们仍然可以记得当年有一个人这么全心全意地为他们付出过；多少年后，当自己暮年老去之时，还可以有那么一些贴心的孩子回来像亲人一样，再诉衷肠，回首当年"。在14年前，在王琥老师的空间日志中这样记载着自己的为师理想：最初与"双创"结缘，到现在坚守"双创"教育14载，根源也在此，因为爱学生所以坚持，为了学生的梦想而坚守。"对我影响最深的是华坪女中的张桂梅老师，每次看到她的事迹，我都有很深的触动，总忍不住泪湿眼眶！"榜样的力量，让王琥老师将张桂梅老师作为自己的榜样。在旁人眼里，他成了一位时刻都想着教学、都惦记着学生的"工作狂"。"四年师生，一世情义"是他十四年来秉持的坚定信念，从辅导员、班主任到专任教师、硕士生导师，他是这样想的，也一直是这样做的。他常常称呼他的学生们为"孩子"，永远都把孩子们的事儿放在心上。他会为300多名学生的每一位孩子定制评语信息，并贴心地根据孩子们不同的特点，有针对性地鼓励每一名孩子参与专业竞赛和"双创"竞赛，为每一位孩子提供切实的指导，为家庭经济困难的孩子争取各项资助，同时通过"双创"奖学金助力他们实现"创新俭学"。尽管事情再多再累，他都会用心记住300多名学生每一位孩子的生日，在第一时间送去祝福，在每一段祝福中总是不忘叮嘱学生参与专业和"双创"的相关竞赛，关爱如家人一般体贴入微。十四年前，即将毕业的他，立志从教，毅然选择成为学生的心灵导师。十四年来，他初心如磐坚守教书育人一线，全心投入。因为他太热爱教育事业，太热爱他的学生，无法割舍那份难得的师生情分："在任何艰难的时刻，作为老师，作为学生的主心骨，作为他们异地求学最亲的人，都应该和学生一起，共渡难关。"哪怕在2012年因为长期高强度的工作累得病倒的时候，他也始终没有放下学生，多次拒绝住院治疗；在住院时，不顾家人强烈反对还在指导学生比赛，仔细批改学生的比赛策划书；在生病第四天，即执着返回学校带病工作，四个多月的时间里，每天带着熬好的中药上班。

十四年来，他像对家人一样，把所有的爱、所有的心力都奉献给了学生，所有的心力都投入了专创融合型教育。连最亲的家人也成了最贴心的工作助理。数不清多少次学生生病，他的妈妈熬好鸡汤和他一起前去探望；整整四年的时间里，他的母亲陪一名患病的学生求医问药，寒来暑往，年迈的母亲和他的学生爬坡上坎几乎走遍了重庆的大街小巷，母亲把学生当作亲人对待；多少次带队学生去外地参加"双创"比赛，他的母亲为孩子们准备早餐，打印资料；在实习那年，即使他每月的工资不到1000元，他也拿出200多元来给学生购买考研、就业参考资料，无偿为学生补课辅导。

十四年来，无惧辛苦、无惧艰辛，全心投入专创融合教育，源于对学生无私的爱。他爱每一个学生，任何时候，再苦再难，都不抛弃不放弃任何一名学生。学生小陈由于异地求学不适应，专业成绩特别差，每学期考试挂科，到大二时累计10多门课程补考，让父母操碎了心。小陈一度迷茫无助以致想放弃学业，但王琥老师始终没有放弃对他的关爱与努力。一次，他语重心长地对小陈说：只要你不放弃，老师就不放弃。即使你选择了放弃，我也一定是坚守到最后一刻放弃的那个人……经过整整四年的坚持，任何时候他都不曾放下对小陈的关心。尤其在大四那年，他每周周末守着小陈一起上自习，无偿给小陈辅导，"保姆式"地督促小陈各项学习注意事项。爱心终创造出奇迹，最终让小陈重拾信心，以专业第一的成绩考上研究生，参加专业竞赛并获奖。家长发来短信感慨："感谢王老师，您对孩子的关心与付出甚至超过了我们父母，您是我们一辈子不会忘记的人。"至今孩子毕业已七年有余，但小陈仍然是王琥老师内心深处最牵挂的学生之一。2014年7月，所带年级中一学生在考研复习时压力重重，情绪很差。他及时了解这一情况后，因为担心学生，顶着盛夏七月40 ℃的酷暑高温，第一时间租车赶到来回约700公里的重庆万州山区乡村看望学生，和学生长谈，勉励学生战胜困难。当天下午又扛着疲劳赶回重庆，还顾不上来回15个小时的辛劳，又忙着去为假期实习的学生联系住处，一直把学生安顿到自己亲戚家后深夜十二点多才回家，第二天又全情投入辅导学生参加"双创"比赛。而这次千里家访仅仅只是他实地家访关心学生的一次缩影……也正是和学生这样鱼水相依的深情，才让他和学生一起书写了一个又一个在"双创"教育中挥洒青春、书写梦想的故事。

十年前，有一次岗位调动的机会，他的学生们为了留下他，这样写道：

我们听说辅导员王琥老师即将要离开我们去其他地方工作了，我们都很舍不得王老师。为了我们2011级325名同学，我们真诚地希望我们的王老师能够留下来！我们很需要他，他是我们心中最细心贴心、负责敬业，为我们付出得最多的辅导员老师。恳请领导们怜悯全年级同学的诚心，帮我们把王老师留下来。

这两年来，王老师对我们的关心无微不至，小到生活细节，大到工作学习，被同学们亲切地称为"琥哥""琥爸爸"。每个假期都会主动给我们父母打电话告知我们的学习、生活情况。我们的父母都说没想到大学老师这么负责。其实，我们都知道，这都是琥哥分外的工作，他只是希望通过一些小细节，来温暖每个人，让我们能更顺当地走过青春道路。

大学生活没有高考的重压，毕业对我们来说又好像遥遥无期。在安逸的大学生活中，有的同学难免会失去奋斗的方向。所以，从大一开始，王老师就经常提醒我们要有大学职业生涯规划，经常鼓励我们多参加活动、多历练、多体验，经常在我们懒惰懈怠时警醒我们不要偏离了航道，经常鼓励同学参加各类特色活动来充实我们的大学生活！

同学们都说，这哪是班主任老师，这完完全全就是"全职保姆"兼人生导师啊！我们跌倒后的成长和成功后的喜悦都离不开王老师的关心、支持和叮咛。

以下是我们同学的一些心声：

有的说："两年，七百多个日夜，老师您永远来得最早、走得最晚，每每看到晚上十点你办公室灯还亮着，都觉得很心疼。同学身体不舒服，您也是在第一时间赶到现场。两年了，你的陪伴无微不至，感情很深了，我们舍不得您。舍不得，也不想舍得。千言万语化为一句话：'老师，留下来，我们需要你！'很矫情，但是很真诚，真的舍不得。"

有的同学说："两年的时光我们一起走过，这两年老师的辛苦和付出点点滴滴都在我们心里，谢谢您！你的关心与付出我们都看在眼里。不要离别，老师不要走，真的会舍不得你，为了我们，留下来吧！"

有的同学说："王老师，你不能走。或许之后来的辅导员也会很优秀，但是我们两年的感情已经十分深厚，面对离别，我们都不能释怀地说出'再见'，真心希望你能留下来陪伴我们度过大学生涯。"

我们中文系2011级全体同学，真挚地希望我们的琥哥、我们的琥爸爸、我们的人生导师、我们的辅导员，能够和我们一起留下来，留下来和我们一起分享余下这两年的快乐时光；留下来，看着他的学生完成学业，走向未来……

从这封信中可以看出同学们对老师的真挚情感。在十四年的专创融合教育中，也是他这样的全心付出和锲而不舍的坚持，让教育真正走进了学生内心，在积淀"四年师生，一生情分"师生情谊的同时，也在"双创"教育中培养学生，助力他们收获成长，走向未来。

8. "双创"教育研究

十四年来，王琥老师极注重自我完善和提升，尤其关注创新创业教育研究，关注专创融合，以此带动学生实现"双创"梦想。近年来，他作为主研参与国家社科基金重大项目1项，主持、主研国家社科、教育部人文社科、市社科规划等省市级（以上）课题多项，获国家创业二级咨询师、创业实训指导师等专业认证。他主持的教学科研项目多和"双创"教育相关，如2021年重庆市高等教育教学改革重大研究项目"中文专业双创教育'专思创'三融合模式研究与实践"；2020年重庆市高等教育教学改革重点研究项目"课程思政视域下'创新创业导论'德融课堂模式研究与实践"；2021重庆市高等教育学会高等教育科学研究课题"三融合理念下创新创业系列课程'赛课合一'教育模式研究"；2017年重庆市教委人文社科择优资助重点专项项目

"基于 CDIO 理念的创新创业教育实践教学体系研究"。

十四年间,在陪伴学生通过"双创"成才的过程中,王琥老师也逐渐成为"双创"竞赛辅导专家。2018 年 12 月,他通过遴选被聘为中国"双创"导师库导师;2021 年,他主讲的"创新创业导论"课成为省级首批课程思政示范课(全市"双创"类课程仅两门),成为重庆市首批课程思政教学名师;2021 年,他的创新创业教学案例获重庆市课程思政优秀案例特等奖;2022 年,他主讲的"创新创业导论"入选全国就业创业金课,获评重庆市一流课程和重庆市一流课程示范案例;2023 年,他主讲的专创融合型课程"地名与文化"课程获评重庆市课程思政示范课;2023 年,依托十四年深耕"双创"教育的经验,他作为负责人主持了四川外国语大学"卓越涉外人才书院班"首期项目中的"新文科创新创业菁英书院班",作为负责人主持了校级虚拟教研室项目"新文科专创融合教育课程群虚拟教研室",着力探索外语类专业专创融合教育的有效模式。在推进专创融合教育的砥砺实践中,他希望不断扩大学生受益面,以助力更多学子成长成才。

"双创"教育是根植于爱的事业。十四年,他以爱为名、以双创为媒,把学生当成生命中最重要的人,铸就了他和学生间最为深厚的情谊。是兄弟,是朋友,更是一辈子的亲人!2021 年岁末,在重庆市高校"双创"明星(导师组)评选现场,他的"双创"事迹简介是这样写的:

有一种坚守,十二载[①]初心如磐;有一种传承,十二载育人传薪;有一种砥砺,十二载栉风沐雨,芳华如歌。他是川外中文学院王琥,深耕"双创"十二载。十二年来,他夙兴夜寐,极力推进文科"双创"教育,创立"243"教育模式,无偿指导 1800 多支学生项目、近 1 万人次参与竞赛,写下 3000 万字创业计划书,学生获国家级、省级奖 300 多项。个人获省级教学成果二等奖、"双创"最佳导师等省级奖 32 项。世界上有这样一种人,用自己的一生陪伴着学生,用满腔热血书写无悔青春;用他生命的光亮诠释着"导师"这两个字的灿烂光华。十二载"九死不悔",砥砺前行!

十四年,这一段他和他的学生与"双创"结缘、与"双创"相知的执着时光,让梦想开花。桃李不言,下自成蹊。在这段时间里,他不仅是学生们的导师,更是他们的启蒙者和引路人。他用自己的知识、经验和智慧激发了学生们的创新思维和创业精神;他用自己的关怀、鼓励和支持培养了学生们的自信心和责任感;他用自己的行动塑造了学生们的品格和风范。在这段时

[①] 事迹简介引自 2021 年,故此文段中为十二载。

间里，他投身专创融合，与学生们共同经历了风雨和阳光，一起探索了知识和真理，一起挑战了困难和险阻，一起分享了喜悦和成果。也是这十四载时光，他在专创融合教育的实践中全力拼搏，助力学子磨砺了意志品质，锻炼了才干能力，收获了众多荣誉，使他们有了更好的发展平台。

十四年来的"双创"教育研究成果如表 6-2 所示。

表 6-2 "双创"教育代表性获奖成果表

获奖情况			
序号	所获奖项	颁奖单位	获奖时间
1	重庆市教学成果二等奖	重庆市人民政府	2017.12
2	第八届全国高校辅导员年度人物入围奖	教育部思政司指导 中国高教学会辅导员工作研究会	2016.05
3	重庆市本科高校教学新星奖	重庆市高教学会	2022.09
4	全国大学生电子商务三创赛总决赛优秀指导教师	全国大学生电子商务三创赛竞赛组委会	2022.08
5	全国大学生电子商务三创赛总决赛优秀指导教师	全国大学生电子商务三创赛竞赛组委会	2021.08
6	全国大学生电子商务三创赛总决赛最佳指导教师	全国大学生电子商务三创赛竞赛组委会	2017.07
7	第三届成渝留学生创新创业大赛优秀创业导师奖	重庆市人力资源社会保障局 重庆市教委	2023.05
8	第二届成渝留学生创新创业大赛优秀创业导师奖	重庆市人力资源社会保障局 重庆市教委	2021.12
9	重庆市一流课程示范案例"创新创业导论"	重庆市教委	2022.12
10	重庆课程思政优秀案例特等奖"创新创业导论"	重庆市教育科学研究院	2021.11
11	重庆市科慧杯研究生创新大赛优秀指导教师	重庆市教委	2022.12
12	第十六届 iCAN 全国大学生创新创业大赛重庆赛区优秀指导教师/优秀组织者	重庆市教委	2022.08
13	挑战杯创业计划竞赛优秀指导教师	重庆市教委	2022.07

续表

获奖情况			
序号	所获奖项	颁奖单位	获奖时间
14	重庆高校"双创"明星评选优秀奖	重庆市高教学会	2021.10
15	第十五届 iCAN 全国大学生创新创业大赛重庆赛区优秀指导教师/优秀组织者	重庆市教委	2022.03
16	全国大学生三创赛重庆赛区最佳指导教师	全国大学生电子商务三创赛竞赛组委会	2022.06
17	全国大学生三创赛重庆赛区最佳指导教师	全国大学生电子商务三创赛竞赛组委会	2021.06
18	全国大学生三创赛重庆赛区优秀指导教师	全国大学生电子商务三创赛竞赛组委会	2020.06
19	全国大学生三创赛重庆赛区最佳指导教师	全国大学生电子商务三创赛竞赛组委会	2019.06
20	全国大学生三创赛重庆赛区优秀指导教师	重庆市教委	2018.06
21	全国大学生三创赛重庆赛区最佳指导教师	重庆市教委	2017.06
22	重庆大学生创新创业精品赛最佳指导教师	重庆市高教学会	2017.11
23	重庆市大学生成长论坛优秀指导教师	重庆市教委	2016.04
24	第五届大学生创新创业大赛优胜指导教师奖	重庆市人力资源社会保障局 重庆市教委	2015.12

三、优秀教师案例经验与启示

在专创融合教育中，教师是教育的主体之一，其作用至关重要。教师对专创融合教育的投入和付出程度往往决定了专创融合教育的最终成效。分析上述专创融合教育中教师的实践案例，以期能为推进专创融合教育提供借鉴和参考。

第一，"以学生为中心"的"双创"教育。教师应始终将学生放在首位，以学生的学习和成长为中心，尊重和发掘每一位学生的个性和潜力，耐心引导他们在创新创业的道路上成长。案例中王琥老师深知每个学生都是独一无二的，都有自己的潜力和价值。他尊重每个学生的个性，鼓励他们追求自己的梦想，帮助他们发现自己的优点和潜力。

第二，个性化的"双创"教育指导。教师应根据每个学生的个性和需求进行一对一指导，长期跟踪指导每个项目的每个细节。案例中王琥老师不仅关注学生的学业成绩，还关注他们的全面发展。他用耐心和细心，帮助学生解决学习中遇到的困难，引导他们正确处理人际关系，培养他们良好的习惯和品格。

第三，激发学生对"双创"的热爱。教师应通过丰富多彩的教育实践活动，拓宽学生视野，让学生自发地理解和热爱"双创"，并积极参与其中。通过鼓励学生积极专业竞赛、创业大赛、科研训练计划等，让学生在实践中感受专业的魅力和"双创"的乐趣；组织学生参观考察各类创新创业机构，如创业孵化器、创业园区等，让学生接触创新创业前沿，认知创业成功案例，激发他们创新创业的信心。案例中，王琥老师鼓励学生积极参与各种"双创"活动，全力支持学生的"双创"实践活动，让学生在实践中开阔视野，增长知识。他用自己的行动和言辞，传递给学生一种积极向上、敢于挑战、勇于创新的精神，激发学生对创新创业的热爱和追求，成为学子参与"双创"的依靠和支撑。

第四，坚持育人目标，勇担"双创"教育重任。坚持教师的育人目标与育人理想，克服困难完成使命。无论面临多大困难，无论遇到多少挫折，王琥老师都能坚持下去，因为他深知自己作为教育工作者肩负的使命和责任。为了学生的成长成才，他全力以赴。他不畏惧专创融合教育中存在的各种问题和挑战，如教育理念的不同、"双创"教育资源的相对匮乏、"双创"教育评价体系的不完善等。他积极寻求解决方案，主动参与教育改革与创新，不断提高自己的专业水平和"双创"能力，以身作则，为学生树立榜样，推进专创融合教育。

第五，坚守教育初心，服务"双创"教育。案例中，王琥教师始终以最真挚的心、最深的爱，去关爱每一个学生。他不仅关注学生在校期间的学习和生活，还关注他们毕业后的"双创"实践与发展。他与学生保持长期联系，为他们提供持续的指导和支持。他把自己的学生视为自己的亲人和朋友，把自己的教育事业视为自己的使命和追求。

第六，全程陪伴学生在"双创"中成长。教师不仅应陪伴学生在专业学习上成长，还应在专创融合过程中陪伴学生的"双创"项目落地。在理论知识到实践运用的全过程，教师用自己的专业知识和丰富经验，帮助学生解决"双创"项目遇到的问题，不断优化和完善"双创"项目，推进"双创"项目落地推广。在案例中，王琥教师把自己的时间、精力、资源都投入学生的"双创"活动，为学生提供了最大程度的支持和帮助。

第七，以"人师"角色引领"双创"教育。在"双创"教育过程中，教师应通过自身的言传身教，影响和激励学生，用自己的知识和智慧，启迪学生的思想和灵魂；用自己的人格魅力和道德力量，感染和塑造学生的品格和风范。

第八，坚持实践育才，推进学以致用。实践是推进学生所学理论知识转换为实际应用能力最好的教育方式，也是专创融合教育的重要特征。为此，教师应鼓励学生通过实践活动，提高自己的能力，增强自己的信心，在实践中发现问题、分析问题、解决问题，在实践中锻炼能力、提升素质、增长才干。

综上所述，教师在专业教育与创新创业教育融合中承担着极为重要的角色作用。教师要坚持以学生学习和成长为中心的理念，采取个性化教育指导方式，全力支持学生创新创业的理论学习与实践训练；同时，坚守师者初心，以"人师"的角色感染学生，以身作则，坚持实践育人，用言传身教塑造学生品格，全面促进学生提高基于所学专业的创新创业能力，培养开拓进取的创新创业品质。

第二节 专创融合教育优秀学生案例

在推进专业教育与创新创业教育融合的教育实践中，学生是其中一个重要影响因素，尤其是对专创融合教育的成果——"双创"项目的成长和发展而言，学生更在其中起着至关重要的作用。优秀学生是优秀"双创"项目成长的重要推动力：他们不仅拥有扎实的专业知识，为"双创"项目提供了专业技术支撑，还具有富有创造力的思维，为"双创"项目注入了新颖的思路。他们能够出色地与团队合作，共同推进"双创"项目的实施；能够有效地管理时间和资源，提高"双创"项目的运行效率；能够坚持不懈地克服困难，实现"双创"项目的目标；能够展现出强大的领导力，整合各方资源，优化"双创"项目的环境。他们对"双创"项目充满热情和信心，为"双创"项目提供持续的动力，促使"双创"项目最终走向成功。因此，在专创融合教育实践中，应该充分发挥优秀学生的潜能，让他们在"双创"项目中发挥更大的作用，推进专创融合教育发展。本节选择四川外国语大学"卓越涉外人才书院班"首期项目中的"新文科创新创业菁英书院班"优秀学生代表作为典型案例，来探寻专创融合教育中优秀学生参与"双创"的经验与启示。

一、优秀学生案例——专创融合教育中的"实践者"

(一)优秀学生参与专创融合教育简况

朱九玥,四川外国语大学中国语言文化学院 2021 级汉语国际教育硕士生,四川外国语大学"卓越涉外人才书院班"项目"新文科创新创业菁英书院班"优秀学生。本科期间担任过校学生会副主席,作为团长带队参加大学生暑期"三下乡"实践活动,为活跃学校的校园文化氛围奉献力量。擅长新闻稿写作,获"中国青年网最佳通讯员"荣誉。从事非遗博物馆文物讲解五年,曾荣获重庆博物馆协会颁发的"重庆市十佳志愿者"。研究生在读期间,学习成绩优异,获得四川外国语大学"三好学生""创新创业能力个人"等荣誉称号。积极参与各级各类"双创"大赛、学术竞赛,累计获得国家级、省级奖项 20 余项,校级、院级奖项 20 余项。在校期间担任"创新创业导论"课程(全国高校就业创业金课、重庆市首批课程思政示范课)助教团核心成员。

朱九玥还没正式进入研究生阶段,就听闻了许多优秀学长学姐的励志故事和创新创业经历,自此之后便以优秀学长学姐为楷模,与优秀者同行。在研究生第一年,朱九玥就把课余时间放在创新创业大赛上。项目伊始,她负责设计参赛主题,带领队员进行更新迭代,找到项目的市场痛点问题。经过半年的努力,作为队长,她带领团队参加第十二届全国大学生电子商务"创新、创意及创业"挑战赛,获得了省级特等奖、国赛三等奖的好成绩,取得了本专业研究生参加三创赛的最好成绩。

她这样来总结参加"双创"竞赛的历程和收获:

"创新创业,道阻且长。"我的创新创业竞赛之旅起源于研究生一年级下学期,是在研究生导师王琥老师的介绍下对创新创业有了一定的了解。虽然缺乏"双创"经验,但是凭借着一股冲劲和热爱,不断对项目创意进行修改打磨,不断为更好地呈现项目进行路演。

"巴山峡川"项目也是我的第一个"双创"项目,我传承了学姐的飞鹰走马工作室,在此基础之上重新选品进行创意迭代。这个项目创意萌芽于研究生专业选修课"互联网+汉语国际教育实践"(原"创新创业理论与实践"),项目主题与自身的家乡非遗特产紧密相连。"巴山峡川"就是指大巴山和三峡地区,结合重庆本土农产品的特征,立志于将家乡的文化传递给更多的人,选用的跨境电商方式又与自身专业——"汉语国际教育"更加贴近。参赛团队在前期对国内外的茶叶市场进行了深度、细致、专业的市场调研,了解到传统的茶文化跨境电商主要的主要痛点有:第一,疫情导致售卖失去线下渠道；第二，当前茶产品不适应国外消费者饮茶习惯；第三，茶叶跨境电商销售存在语言文化障碍。而鸡鸣贡茶作为重庆非物质文化遗产，也面临以上问题。在此背景下，我们基于市场的现实情况进行了更加深度的思考，对原项目进行了迭代。

2021年10月，入学伊始，我作为负责人带领团队全身心投入进项目的孵化与打磨，在进行产品选品阶段，将世界三大红茶之一的斯里兰卡锡兰红茶选入其中，进行产品的创新。在团队调研和路演阶段也遇到了许多困难，大部分团队成员处于实习阶段，不在学校，无法及时参与团队咨询培训和相关调研。我及时调整方向，在人员紧缺的情况下，邀请了精通茶文化的茶艺社成员进行茶艺展示，寻求学院传统文化中心的支持。最终，在校赛阶段通过现场茶艺展示获得了校赛二等奖，入围市赛。

稳扎稳打，静待花开。在冲刺市赛阶段，成员因实习等仍无法到场进行团队调研，所有的修改只能通过线上的会议传达，我继续在线下完善相关调研成果。市赛也是通过线上进行的。团队分工明确，熬了几个夜晚才完善PPT和答辩稿。作为团队负责人，在打磨答辩稿、练习路演、思考答辩问题等方面进行准备，和指导老师王老师进行了长达十余次的交流指导，经常修改至凌晨3点。最终在市赛时，团队凭借流畅的路演表现和回答问题的完整性在20组小组中获得第一名，并在终极赛中获得重庆赛区特等奖、总决赛第七名的成绩。团队一路艰辛、一路拼搏，但也一路收获，最终入围全国总决赛。从获取国赛参赛资格的那一刻起，我与团队成员就开启了一段自我磨砺与提升的艰苦历程。在王老师的指导下，深入调研、修改材料、路演练习，一部分一部分地练，一个环节一个环节地细化，不知道多少次想要放弃，但回望自己的初心，又一次次咬牙坚持了下来。根据国赛的规则，团队进行了全面的准备，为了我们的素材更加丰富，我们再次去了城口县，深入茶叶基地进行茶艺展示以及学习茶叶的制作步骤。长达7个小时的车程、酷暑高温并没有磨灭我们的热情，反而令我们精神饱满、充满斗志。在国赛比赛前一天进行了彩排和设备调试，之后团队又紧锣密鼓地进行修改，充分发挥所学专业优势进行产品研发和设计，更新推广渠道，完善商业逻辑，最终拿下了国赛三等奖。

丰于实践，善于传播。参加"双创"竞赛这一路走来，我不断通过参加各类专业比赛来丰富自己。进入四川外国语大学以来，我参加了多种形式的比赛，在模拟求职比赛中学习找工作的技巧，在征文大赛中感受写作的魅力，在创新创业的比赛中学习计划书的撰写与创业商业思维。研究生学习的两年间，我也获得了重庆市征文大赛一等奖、第三届地名大会一等奖、模拟求职二等奖，并荣获了学校的"三好学生""创新创业能力先进个人"等荣誉。令我收获最大的还是各类创新创业比赛,除了"巴山峡川"项目,我还积极参加了中文学院的缠花项目。缠花是多种艺术形式的综合,融汇了绘画、剪纸、刺绣、编织、景泰蓝、雕塑等工艺,是一种宝贵的非物质文化遗产。从缠花传承出发,以产品创新孵化传承人、跨境电商与产学研结合为路径,依托四川外国语大学和团队成员的多语种优势,力图从非遗缠花文化出发讲好中国故事。在缠花团队中,我参与了多次调研,深入四川外国语大学附小进行"非遗缠花进校园"知识宣讲活动,前往沙坪坝区童家桥阳光社区进行社区文化传播公益活动。跟随团队前往中国重庆三峡博物馆、红岩纪念馆等地进行调研。我的创新创业之旅虽然时间较短,但依然充满精彩。一路走来,我的导师王琥导师给了我创新创业的启蒙和参赛指导,团队成员给予了许多支持和帮助。

优秀学生"双创"获奖情况如表 6-3 所示。

表 6-3 优秀学生"双创"获奖情况

序号	项目名称	竞赛名称	获奖等级	获奖时间
1	巴山峡川—城口鸡鸣贡茶农业农村现代化和斯里兰卡跨境电商的先行者	第十二届全国大学生电子商务"创新、创意及创业"挑战赛	国赛三等奖	2022.07
2	巴山峡川—城口鸡鸣贡茶农业农村现代化和斯里兰卡跨境电商的先行者	第十二届全国大学生电子商务"创新、创意及创业"挑战赛	市级特等奖	2022.06
3	传统无双,吾将求索	重庆市第九届研究生征文大赛	市级一等奖	2022.02
4	四方食事,乡野归途	重庆市第十届研究生征文大赛	市级三等奖	2023.03
5	此花始盛开-非遗文娱的创新与突破	iCAN 全国大学创新创业大赛	市级一等奖	2022.08
6	起笔绿水青山处,落墨巴渝地名间(竞赛主题)	重庆市第三届地名大会	市级一等奖	2023.05
7	一路嫩芽—以茶裕农的跨境电商桥	第十一届重庆市科慧研究生创新创业大赛	市级三等奖	2022.11
8	汉阅府	第十三届全国大学生电子商务"创新、创意及创业"挑战赛	市级二等奖	2023.06
9	数智教育+科技:在线学习与智能教育创新	第九届中国国际"互联网+"大学生创新创业大赛产业命题赛道	市赛铜奖	2023.08

(二) 优秀学生案例分析

从朱九玥同学参与创新创业竞赛的经历可以看出，在专创融合实践中要有强大的抗压能力，也要心怀梦想，顽强拼搏，砥砺前行。

第一，抗压能力是助力参加专创融合教育的重要因素。

朱九玥同学的创新创业之路充满了挑战和压力。她在研究生学习期间积极参与多项竞赛和活动，包括"互联网+"大赛、"三创"赛、地名大会等。每次竞赛都是一次挑战自我的过程。然而，她凭借出色的抗压能力，成功地应对了这些挑战，最终在各项竞赛中取得了优异的成绩。

第二，心怀梦想，砥砺前行。

朱九玥同学的创新创业之路也体现了她的梦想和坚持。她的梦想是将家乡的文化传递给更多的人。为了实现这个梦想，她选择了创新创业这条道路。在追求梦想的过程中，她始终保持坚定的信念和坚韧的意志，无论面临多大的困难和压力，她都能坚持下去，最终实现了她的梦想。

二、优秀学生案例——专创融合中的"创新者"

(一) 优秀学生参与专创融合教育简况

李琛，四川外国语大学中国语言文化学院2022级汉语国际教育硕士生，四川外国语大学"卓越涉外人才书院班"项目"新文科创新创业菁英书院班"优秀学生。他是一位热爱创新创业的研究生，在大学期间积极参与了多项竞赛和活动，展现了他的才华和潜力。他的主要项目是"汉阅府"，一个结合智慧阅读和汉语学习的平台，旨在为学习汉语者提供优质的阅读体验和学习资源。他从三创赛开始，经历了院赛、校赛、市赛等多个阶段，不断完善项目，克服困难，与团队成员和导师密切合作，最终获得了市赛二等奖等多个荣誉。除此之外，他还参加了挑战杯、互联网+大赛等其他竞赛，并取得了不错的成绩。这些竞赛经历不仅丰富了他的研究生生活，还激发了他的创新潜力，让他遇见了志同道合的朋友和导师。他表示，这些经历是他人生中的宝贵财富，教会了他如何追逐梦想、如何克服困难、如何与团队协作。他感谢所有支持和帮助过他的人，并表示将继续追求创新和创业，为社会创造更多的价值。他也将不断学习和提升自己，以更好地应对未来的挑战，不断追求创新与进步。他在回首这段参与"双创"高水平竞赛心得时写道：

我在研究生学习期间，积极参加了多个创新创业竞赛以及各种活动，参与教师课题，以及院级、校级、市级比赛，如征文比赛、教学模拟大赛、创新创业大赛、科研立项等，获得"互联网+"大学生创新创业大赛重庆赛区产业命题赛道铜奖、第十三届三创赛重庆赛区二等奖，以及"挑战杯"大学生课外学术科技作品竞赛校二等奖等。这些竞赛经历和与获奖都是我人生中的"第一份"，不仅充实了我的研究生生活，还激发了我更多的创新潜力，遇见了志同道合的团队朋友和导师。接下来，我将以三创赛"汉阅府"项目为例分享我的创业"遇见"。

三创赛是我在四川外国语大学以来参加的第一个比赛，一切的开始源于对创新创业的初衷与对优秀学长学姐的羡慕与敬佩，看到拥有市级甚至国奖荣誉的同门师兄师姐，很难不有"见贤思齐"的冲动与执念。在寒假组队报名参加比赛时，有幸得到了拥有国家级竞赛奖项的学姐支持，这为我们团队之后经历的整个竞赛过程提供了很多帮助。同时，还有几位有丰富创新创业经验的老师，如王老师和党老师以及国外高校的蒋老师，也帮助我们的项目一步步从萌芽走向比较完善并最后获得不错的成绩。"汉阅府"项目的灵感来源于学姐之前的项目以及团队对于数字科技尤其是图书馆智慧阅读的关注，我们尝试将智慧阅读与汉语学习相结合，并将此项目命名为"汉阅府"，希望学习汉语者能从阅读中获得美好感受。项目伊始就凝聚了我们每位队员的期待与努力，我们对项目充满激情，精研苦思。几乎每一天，我们都为了追逐梦想而辛勤努力。虽然我们的项目初期存在许多不完善之处，但这让我们逐渐明白了参加竞赛的艰辛。我们从每一次导师指导诊断中积累了宝贵的经验，改进了项目，也深刻体会到了团队合作的力量。最终，我们在院赛中脱颖而出，获得二等奖，成功晋级校赛。

校赛是我们迈向创业梦想的第二个重要阶段。在这里，我们不再只面对学院内部的竞争，还要与来自校内其他学院的顶尖团队竞争。这是一个更大的舞台，也是一个更大的挑战。我们在校赛中付出了更多的汗水和努力，我们深入挖掘市场，改善产品功能模式，提升营销策略，不断完善商业计划书。这段时间经常熬夜奋斗，但我们充满激情，坚信自己的项目有巨大的潜力。我们的团队配合默契，每个人都在发挥自己的长处，共同向着目标前进。虽然在校赛路演的时候有两位队员因急事没能参加，但是我们最终还是获得了校二等奖，这个成绩让我们备受鼓舞，并成功晋级参加市赛。在校赛的过程中，我们不仅提高了项目的水平，也锻炼了自己的团队协作能力。这段经历让我们更加自信。

市赛是一个更高级别的竞赛，要求我们站在更广阔的舞台上，向专业评审展示我们项目的可行性和创新性。在市赛前夕，我们进行了最后的冲刺，对项目进行了全方位的升级和改进。在比赛之日，王老师百忙中抽出时间来到轻工学院嘱咐比赛注意事项。在走进赛场后的每一刻，我们都感受到了压力和挑战，但也充满了决心和信心，竞赛最终的成绩为市赛二等奖。虽然没能晋级参加国赛，但作为第一次参赛的我和几位队员来说，是无比欣慰的，这个荣誉对我们来说也是一份巨大的鼓励和认可。市赛的经历让我们见识了更广泛的世界，也使我们更加坚定了创新创业梦想。尽管最终的结果不如我们所愿，但这段旅程让我们领会关于创业的本质和艰辛，使我们团队的每个成员都变得更加坚忍和成熟。

除了"三创"外，我也有幸参加了"挑战杯""互联网+"大赛等竞赛并取得一定的成绩。这些创业竞赛的经历是我人生中的宝贵财富，教会我如何追逐梦想、如何克服困难、如何与团队协作。同时，我也要感谢一起奋斗的四位团队成员和鼓励和支持我们的导师。我将继续追求创新和创业，将这些宝贵的经验转化为实际行动，为社会创造更多的价值。我也将不断学习和提升自己，以更好地应对未来的挑战，不断追求进步。

优秀学生"双创"获奖情况如表 6-4 所示。

表 6-4 优秀学生"双创"获奖情况

序号	项目名称	竞赛名称	获奖等级	获奖时间
1	数智教育+科技：在线学习与智能教育创新	第九届中国国际"互联网+"大学生创新创业大赛重庆赛区产业命题赛道	市级铜奖	2023.08
2	汉阅府	第十三届全国大学生电子商务"创新、创意及创业"挑战赛	市级二等奖	2023.06
3	汉阅府	第十三届全国大学生电子商务"创新、创意及创业"挑战赛	校级二等奖	2023.06
4	海纳汉语——HSK一站式汉学平台	第九届中国国际"互联网+"大学生创新创业大赛	校级二等奖	2023.06
5	仙山茶漫——武隆高山茶农业农村现代化与西班牙跨境电商的开拓者	第九届中国国际"互联网+"大学生创新创业大赛	校级三等奖	2023.06
6	汉阅府	第九届中国国际"互联网+"大学生创新创业大赛	校级二等奖	2023.06
7	汉阅府	第九届中国国际"互联网+"大学生创新创业大赛	院级三等奖	2023.06
8	"数""质"发展：HSK 学习类应用的现状调查研究	第十八届"挑战杯"全国大学生课外学术科技作品竞赛	校级二等奖	2023.04

（二）优秀案例学生分析

从李琛同学参与创新创业竞赛的经历可以看出，在参与专创融合实践中不仅要敢于尝试，善于创新，也要有自信心。只要有梦想，有决心，有勇气，就一定能够实现在创新创业中成长成才的目标。

第一，敢于尝试，善于创新。

李琛同学的创新创业之路始于他对创新创业的热爱和对榜样人物的钦佩。他的主要项目"汉阅府"，这是一个结合智慧阅读的新思路来设计的汉语学习平台。这个创新的想法源于他对数字科技和智慧阅读的关注。他在项目的每一个阶段，无论是院赛、校赛还是市赛，都展现出了他敢于尝试、善于创新的精神。

第二，自信心是成功的源泉。

李琛同学的自信心源于他的努力和坚持。他在大学期间积极参与了多项竞赛和活动，包括"互联网+"大学生创新创业大赛、"三创"赛和"挑战杯"大学生课外学术科技作品竞赛等，这些经历丰富了他的学业生涯，也激发了他的创新潜力，更鞭策他心怀梦想，自信勇毅前行。

三、优秀学生案例——专创融合教育的"攀登者"

（一）优秀学生参与专创融合教育简况

郎棕胜，四川外国语大学中国语言文化学院 2022 级中国语言文学大类本科生，四川外国语大学"卓越涉外人才书院班"项目"新文科创新创业菁英书院班"优秀学生，四川外国语大学中文学院学生会学习部部长。专业学习成绩优异，获 2022—2023 学年本科生国家励志奖学金、2022—2023 学年四川外国语大学优秀学生奖学金二等奖。积极参与各类志愿服务活动，能吃苦耐劳，富有责任感，作为团队成员参与 2023 年大学生志愿者暑期文化科技卫生"三下乡"社会实践活动等。踊跃参与各类"双创"大赛、学术竞赛，并斩获佳绩。在专业学习和创新创业实践的道路上，他不畏艰难险阻，致力于把专业和创新创业相融合，实现自身更大的发展。在回忆追求"专创融合"的历程中，他这样写道：

创新创业教育给了我很多关于人生新的思考，在新文科视阈下，时代需要开拓创新的精神引领。作为中文专业的一名本科学子，我深知在这个高速发展的时代，只有不断地探索新方法、新思想，才能不被时代的洪流所淹没，才能有效实现自我价值。经过在歌乐书院"新文科创新创业菁英书院班"一年的学习,在王琥老师每次耐心的答疑解惑中,我明白了文科中的创新创业。

歌乐书院"新文科创新创业菁英书院班"(简称"双创书院班")项目是在新文科视阈下,遵循学校国际化人才培养定位,从"厚植家国情怀,开拓国际视野、浸润人文底蕴和培养双创思维和实践能力"培养目标出发的。所以,每次书院班的课程内容都在不断地刷新我的认知,让我明白不被专业所限制,要学会突破舒适圈,实现学科交叉,多方面增强自己的核心竞争力。另外,书院班的每次朋辈沙龙分享都有效拓宽了信息渠道。来自不同专业的优秀学长学姐给我们分享经验,让我了解各种充实自我的好方法。不只如此,书院班的专家讲座更是让我获益良多,不仅从专业角度向我们阐述如何实现"国际化"、何为"双创"等,也在答疑解惑环节为同学们分享可操作性的好方法,且通俗易懂。

书院班的教学集课堂教育、竞赛体验和训练实践于一体。因此,经过不断学习,我决定走出课堂,积极参加"双创"类竞赛,利用专业赋能,打造新文科创新创业项目。我相继获得了第九届中国国际"互联网+"大学生创新创业大赛校赛三等奖、第九届中国国际"互联网+"大学生创新创业大赛市赛铜奖等奖项。这一路不免困难重重,对于自己也是一次又一次极大的考验。记得在重庆交通大学参加第九届中国国际"互联网+"大学生创新创业大赛重庆赛区选拔赛的时候,还遇上了一场暴雨,但是这并没有浇灭我心中的热情。我依然全身心投入答辩讨论和演练中,最终取得了市级三等奖的好成绩。这也让我深刻意识到了只有专注于自己所做之事,克服种种困难,才会拥有获得成功的机会。

在竞赛、实践的过程中,我需要时刻独立思考,在团队讨论中能清晰流畅地表达自己的观点,不断地打磨自己的创赛项目,这都是对自己相关能力的锻炼。项目的进展需要实践,在与社会近距离的接触中,善于发现问题和解决问题,不断强化自己的社会责任感,对自己的未来发展也是影响深远的。

作为书院班班委团队中的一员,每次课程活动的组织都需要班委在王琥老师的指导下完成。设备的调试、学员的组织、活动的记录等都是对我一次又一次的挑战。王老师常告诉我要不断去突破自我,尝试新的领域,不管结果如何,它总是可以帮助自己的。所以,我愿意去走出自己的舒适圈,不再赋予自己狭隘的定义,在新的征途中克服一切的困难,到达那个不再留有遗憾的目的地。

"双创带给大家的影响是潜移默化的,或许在未来的某个时刻,会给到你极大的启发。"这是王琥老师常常提起的话,于我而言,可谓印象深刻。的确,任何事情的直接效益或许不会一下全都体现,而是在学习的过程中,我们充盈了自己。就像"双创"教育一样，它或许不会让你因此而得到升职，或许不会让你实现财富自由，但它可以充实你的思想、锻炼你的能力、磨炼你的意志，而这些往往是你通往成功的路上不可或缺的。

在双创书院班的学习过程中，每次课堂实践、专家讲座、朋辈分享会，让我明白了成功从来都不是一蹴而就的，实现梦想更是如此，需要一点一滴积累。在这个过程中遇到的每道坎都需要自己勇敢地跨过去。在书院班的学习中，在创新创业比赛中，在王琥老师的指导下，迷雾被一点点拨开，我开始慢慢积累"养分"，实现自我成长，助力梦想的实现。

山有顶峰，湖有彼岸。在人生漫漫长途中，有太多站点，探索、突破、坚持诠释着发展进步的内涵。在实现专创融合的道路上，还有很多的山峰需要我去攀登，我会一直在路上！

优秀学生"双创"获奖情况如表 6-5 所示。

表 6-5 优秀学生"双创"获奖情况

序号	项目名称	竞赛名称	获奖等级	获奖时间
1	数智教育+科技：在线学习与智能教育创新	第九届中国国际"互联网+"大学生创新创业大赛产业命题赛道	市级铜奖	2023.08
2	仙山茶漫——武隆高山茶农业农村现代化与西班牙跨境电商的开拓者	第九届中国国际"互联网+"大学生创新创业大赛	校级三等奖	2023.06
3	仙山茶漫——武隆高山茶农业农村现代化与西班牙跨境电商的开拓者	第九届中国国际"互联网+"大学生创新创业大赛	院级三等奖	2023.05

（二）优秀案例学生分析

从优秀学生郎棕胜参与："双创"的经历可以看出，在追求创新创业的道路上，需要保持不断学习的势头，也要有坚持不懈的决心和锲而不舍的攀登精神。

第一，保持不断学习的势头是参与创新创业取得进步的源泉。

郎棕胜同学深知在这个高速发展的时代，只有不断地探索新方法、新思想，才能有效实现自我价值。他在歌乐书院"新文科创新创业菁英书院班"一年的学习中，不断突破舒适圈，参与跨学科学习和实践活动，增强自己的核心竞争力。这种保持不断学习的势头是参加专创融合教育取得长足进步的重要保障。

第二，锲而不舍的坚持为成长成才赋能。

郎棕胜同学在参加"双创"类竞赛的过程中，遇到过很多困难，但他始终保持着热情，不断攻坚克难，全身心地投入答辩准备和路演演练中，以锲而不舍的拼搏，不断攀登前进。他深刻意识到，只有专注于自己所做之事，克服种种困难，才能收获更多。

四、优秀学生案例——专创融合教育的"前行者"

（一）优秀学生参与专创融合教育简况

罗彤，四川外国语大学中国语言文化学院 2022 级汉语国际教育专业本科学生，四川外国语大学"卓越涉外人才书院班"项目"新文科创新创业菁英书院班" 优秀学生，担任"创新创业导论"课程助教团成员。她在回忆践行专创融合教育的历程中这样写道：

在大一上学期，我第一次尝试参与创新创业比赛，我清楚地知道个人发展需创新思路，便渐渐地对创新创业类比赛产生了浓厚的兴趣，在班导师王琥老师的带领下，对"双创"比赛进行了解。在大一下学期，我参与并立项了两个国家级大学生创新创业大赛项目，旨在结合自身对于传统非遗文化的热爱与创新创业热情，对非物质文化遗产进行创造性转化、创新性发展。我在这两个项目的运行过程中，得到指导老师的悉心指导和团队成员的合作配合，其中的点滴都塑造了我的创新思维，潜移默化地丰富了我的大学生活。

"明者因时而变，知者随事而制"。在从 0 到 1 的路上是不轻松的，需要我们与时俱进。在"非遗活态传承视角下创新传承路径——以江苏宜兴紫砂陶与重庆荣昌陶的对比探究为例"的项目里面，我们来到重庆荣昌的安陶小镇进行实地考察，在此之前，我们提前准备各种问题，规划路线，在队内进行讨论，论证方案的可行性，研究目录书写、项目概述、非遗项目如何突出亮点。作为一支大二同学组成的小小团队，我们满怀热忱，对荣昌陶手艺人进行了专访。在此过程中，我们从最开始的紧张到问答自如，一点点优化我们的项目，也锻炼我们的能力。

同时，在歌乐书院创新创业书院班的朋辈分享中，学长学姐分享了方法及干货，他们从比赛开始，手把手教我们从如何组建自己的队伍，到主题的确立、策划书的书写，到后期答辩的 PPT 创作与答辩流程、评委问题的回复，都进行了深刻的解剖，让我在今后的学习、比赛中有了更深入的思考并且能运用到实际中去。

在"双创"之旅中,我们收获的不仅仅是证书、奖状,更有自我能力的提升。在这个过程中,我时常会有迷茫、煎熬,但老师和队友的鼓励与支撑让我不断坚持、努力向上,这对于我来说是永恒的财富。我希望自己能够坚持到底,保持一颗初心,去寻找我人生的每一把钥匙。

优秀学生"双创"获奖情况如表 6-6 所示。

表 6-6 优秀学生"双创"获奖情况

序号	项目名称	竞赛名称	获奖等级	获奖时间
1	非遗活态传承视角下创新传承路径——以江苏宜兴紫砂陶与重庆荣昌陶的对比探究为例	大学生创新创业训练计划	国家级立项	2023.09
2	綦韵版画——县域非遗文化的传承与更迭	大学生创新创业训练计划	国家级立项	2023.09
3	珠联璧合——整合社区资源,构建邻里互助治理平台	第九届中国国际"互联网+"大学生创新创业大赛	校级优秀奖	2023.05
4	陶里寻金——荣昌陶赓续传承与创新突破	第十八届"挑战杯"全国大学生课外科技学术作品竞赛	校级三等奖	2023.05

(二)优秀学生案例分析

从罗彤同学参与创新创业教育和创新创业竞赛的经历可以看出在专创融合教育中培养创新思维的重要性和团队合作的重要性。

第一,培养创新思维的重要性。

在创新创业的过程中,创新思维的培养显得尤为重要。罗彤同学的经历就是一个生动的例证。她在参与创新创业比赛的过程中,通过对"双创"活动的深入了解和实践,逐步塑造了自己的创新思维。她深知,个人的成长和发展离不开创新的思路。因此,她对创新创业类比赛产生了强烈的兴趣。这种积极进取的态度和对创新的热忱,对其他同学来说无疑是一种鼓舞,激励他们勇敢地去尝试和探索。罗彤同学的经历告诉我们,只有培养和运用创新思维,才能在创新创业的道路上走得更远。

第二,团队合作的重要性。

罗彤同学在参与创新创业项目的过程中,深刻体验到了团队合作的重要性。她和团队成员一起,从提前准备问题、规划路线,到进行队内讨论,再到优化项目,每一步都离不开团队的合作。这种团队合作的经验,对其他同学来说，是一种宝贵的财富，可以帮助他们在未来的学习和工作中更好地与他人合作。

五、优秀学生案例——专创融合教育的"有志者"

（一）优秀学生参与专创融合教育简况

丁浩然，四川外国语大学新闻传播学院 2022 级新闻传播大类本科生，四川外国语大学"卓越涉外人才书院班"项目"新文科创新创业菁英书院班"优秀学生。作为新时代的大学生，他思想健康、活跃，积极参加各类竞赛和活动，是四川外国语大学新传社团运营管理中心成员、乒协副会长。他脚踏实地，勇攀高峰，作为核心成员参与的"海纳汉语——HSK 一站式汉语平台"项目，正如他在歌乐书院"新文科创新创业菁英书院班"参与心得中所写道：

回顾这一年多难得的"双创"竞赛参赛经历，我是参赛选手，更是"新文科创新创业菁英书院班"的学员。从收到第十三届全国电子商务"创新、创意及创业"挑战赛的文件开始，我便萌生了参加比赛的想法。从大一时组队四处碰壁无人问津到第二年比赛通知下来收到多个小组队伍的成员邀请，成功迈出"双创"之旅第一步，我的经验是要坚持参赛与学习并行。

一个人闭门造车是行不通的。感谢学校为我们提供的书院班学习机会，进入书院班后我获得了许多关于比赛的信息资源以及指导机会，同时看到了优秀学长学姐们的经历，开阔了眼界。我也感谢优秀学姐学长们在座谈会上的分享。书院班作为一个学习平台，给予了我与优秀学长学姐直面交流对话的机会，有获得国赛成绩的学长学姐开展讲座会谈、进行经验分享、解答疑惑，指出关于创赛的相关问题，提出他们所用过的学习方法，更有王琥老师多年指导比赛的经验之谈。一场原定七点到八点半在歌乐书院的"朋辈分享"会令我受益匪浅。那晚我们学员与进行"朋辈分享"的学姐和王琥老师，一同交流分享创赛经历一直到十点，接近书院闭馆时间，最后不得不结束。从中我明白了如何分析优秀项目的可取之处，如何修改自己的项目。团队成员的互相陪伴，激发思想，让我对"双创"有了新的理解。

对比赛的每个阶段每次打磨机会都应珍惜。再回想校赛前的一个阶段，因为在书院班有幸认识了学校优秀学生钟英杰学长，我主动去联系他，获得了线下面对面解答的指导机会。一本厚实的策划书拿给学长，几分钟就帮我指出了策划书中的许多不足和可以再多做功夫提升进步的地方。学长对于项目痛点问题如何处理的疑问解答得清晰透明，短短半小时的聊天给我极大的启发,让我有了在路演环节回答问题的勇气。在路演环节,作为刚步入大学的大一学生,要与许多优秀学姐学长同台竞技,自己感觉有很大压力。作为主要问题解答人之一,在答辩环节,我站在台上对台下众多选手和评委老师成功做了回答,这是我在实战上的一次突破,要归功于赛前的充分准备。

在双创朋辈沙龙上获得的一些具体收获这里也进行下分享。首先,我个人肯定的,也是最重要的就是以赛促学。参加比赛的目的不仅仅是为了获奖,更主要的是创新创业思维的培养,不断提高个人能力和素质。其次,优秀学长学姐们的学习、保研和参加比赛的心路历程。通过她们的学习故事讲述,启发自己规划好自己的大学未来的学习和活动。最后,一切成绩终会成为过去,接下来的道路我会继续走下去,在这较短的时间里努力学习,达到自己又一个高峰。

优秀学生"双创"获奖情况如表6-7所示。

表6-7 优秀学生"双创"获奖情况

序号	项目名称	竞赛名称	获奖等级	获奖时间
1	海纳汉语——HSK一站式汉学平台	第十三届全国大学生电子商务"创新、创意及创业"挑战赛	市级二等奖	2023.08
2	海纳汉语——HSK一站式汉学平台	第十三届全国大学生电子商务"创新、创意及创业"挑战赛	校级一等奖	2023.06
3	海纳汉语——HSK一站式汉学平台	第九届中国国际"互联网+"大学生创新创业大赛	校级二等奖	2023.06
4	汉阅府	第九届中国国际"互联网+"大学生创新创业大赛	校级二等奖	2023.06
5	仙山茶漫——武隆高山茶农业农村现代化与西班牙跨境电商的开拓者	第九届中国国际"互联网+"大学生创新创业大赛	校级三等奖	2023.06

(二)优秀案例学生分析

从丁浩然同学参与创新创业教育和创新创业竞赛的经历可以看出,有志者事竟成,敢创会闯,才能在专创融合的道路上不断前进,实现自我价值。

第一,有志者事竟成。

丁浩然同学在大一时就开始尝试参与创新创业比赛,在参赛与学习并行的过程中,不断增强专业技能,参与实践活动,在一次又一次的竞赛实践中,成功迈出了"双创"之旅的第一步。他这种坚定的决心和积极的态度,对其他同学来说是一个极好的榜样，鼓励他们也去尝试和探索。

第二，敢创会闯的探索者精神。

在参与创新创业项目的过程中，丁浩然同学展现出了勇于创新、勇于拼搏的探索者精神。他在比赛的每一个阶段都珍惜每一次打磨机会，无论是在策划书的修改，还是在路演环节的答辩，他都全身心地投入，不怕困难，敢于挑战，收获一次又一次成功的喜悦。他的成长经历证明了有志者事竟成，敢创会闯，才能在专创融合的道路上不断前进，实现自我价值。

六、专创融合教育优秀学生的启示

从以上优秀学生案例中，我们可以总结出在"双创"竞赛中能够脱颖而出的学生一般具备以下七个方面的特质。

第一，创新意识。优秀的创新创业学生具有敏锐的创新意识，能够发现和抓住市场机遇，提出基于所学专业的有价值的创意和方案。他们不满足于现状，敢于挑战传统，寻求突破和变革。例如，案例中的优秀学生就是将智慧阅读与汉语学习相结合，为汉语学习者提供了一个新颖的平台——"汉阅府"。这个项目不仅满足了汉语学习者的阅读需求，还融入了最新的智能技术，实现科技赋能，提升了用户体验和学习效果。创新意识是培育"双创"项目的第一步，也是保持"双创"活力和竞争力的关键因素。

第二，学习能力。优秀的创新创业学生具有较强的学习能力，能够不断吸收和运用各种知识和技能，提高自己的专业水平和综合素质。他们不仅在课堂上勤奋学习，还在课外积极参与各种活动，拓宽视野和思维。例如，案例中的优秀学生就参与到教师的科研课题、教学实践等活动中，体现不断学习和探索的精神。学习能力是"双创"项目成长的核心支撑，也是应对复杂多变的市场环境的必备素养。

第三，团队协作能力。优秀的创新创业学生具有良好的团队协作能力，能够与他人建立信任和合作的关系，发挥各自的优势，共同完成项目目标。他们不是孤军奋战，而是与志同道合的朋友和导师一起奋斗，互相支持和鼓励。团队协作是"双创"项目成长的重要保障，也是培养社会责任感和人际沟通能力的有效途径。

第四，执行力。优秀的创新创业学生具有强大的执行力，能够将自己的想法付诸行动，克服各种困难和挑战，实现项目落地和运营推广。他们不是只聚焦在想法和创意阶段，而是通过不断实践，推进创意想法落地生根。他们在每一个实践阶段都付出了大量的汗水，改善产品功能模式，提升营销策略，不断完善商业计划书等。优秀的执行能力是"双创"项目发展的核心竞争力，也是检验"双创"成果的最终标准。

第五，领导力。优秀的创新创业学生具有一定的领导力，能够激励和引导团队成员朝着共同的愿景努力。他们能够较好地处理好内部和外部的关系，赢得更多的支持和认可。他们不是盲目跟随，而是敢于承担责任，展现自信和魅力。领导力是"双创"项目发展的重要驱动力，也是影响"双创"项目最终呈现效果的重要因素。

第六，抗压能力。优秀的创新创业学生具有良好的抗压能力，能够在面对压力和失败时保持冷静和积极的心态，调整自己的情绪和策略，重新振作起来。他们不畏惧困难，勇于面对挑战，从失败中吸取教训，从成功中获得动力。抗压能力是学生参与"双创"实践所必备的能力，也是"双创"项目不断迭代成长的保障。

第七，锲而不舍的毅力。锲而不舍的毅力，是指在面对困难和挫折时，不轻言放弃，坚持不懈地追求目标和理想的精神状态和行为表现。这种品质对于学生参与"双创"来说，不可或缺，具有重要的意义和价值。锲而不舍的毅力是优秀学生实现创新突破的关键因素，是开创事业所必备的核心品质。创新是在已有经验或者实践基础之上进行的具有开拓性、有价值的改进。这需要"双创"学生具有敏锐的洞察力、丰富的想象力，掌握科学的方法论，但更需要有持之以恒的探索精神，因为创新往往不是一蹴而就的，需要经过反复试验、改进和迭代，甚至在挫折和失败中前进。只有具备锲而不舍的毅力，才能在困境中坚持下去，不断找寻解决问题的新方法、新路径，最终实现创新突破。创业是创立事业、追寻志业，在开创事业的过程中，也不是一帆风顺的，同样需要持之以恒，需要锲而不舍的拼搏，需要在挑战中勇往直前，最终有所作为，成就事业。故此，锲而不舍的毅力是优秀学生不可或缺的，对于学生实现创新突破、成就事业和提升自身素质都具有重要的意义和价值。

综上所述，优秀学生在专业教育与创新创业教育融合的过程中发挥着重要作用。他们是"双创"项目的重要推动力，也是"双创"教育的重要成果。他们具备创新意识、执行力、领导力、抗压能力、锲而不舍的毅力等多方面的特质，因而能够在"双创"竞赛中脱颖而出，实现自己的梦想和价值。因此，在专创融合实践中，应该充分发挥优秀学生的多重潜能，让他们在"双创"项目中发挥更大的作用，从而推进专创融合教育发展。同时，也应该加强对优秀学生的培养和支持，为他们提供更多的学习和实践机会，激发他们的创新创业热情和信心，帮助他们成长为具有专业素养和创新创业能力的高素质人才。

主要参考文献

[1] 安建强,叶晓勤. 构建以创新为主导的高校创业教育模式[J]. 中国高等教育,2013（23）.

[2] 曹俊娜,王成强. 创新创业视域下的高校人才培养模式研究[J]. 中国成人教育,2016（6）.

[3] 陈馥强. 高校创业教育模式与支撑体系研究[J]. 中国成人教育,2017（19）.

[4] 陈涵. 普通地方高校创新创业教育教师培养机制研究[D]. 天津：天津工业大学,2019.

[5] 陈宏涛. 高校创新创业教育与专业教育融合机制研究[J]. 教育理论与实践,2019,39（30）.

[6] 陈文华. 我国高校创新创业教育生态系统构建[J]. 佛山科学技术学院学报（社会科学版）,2018,36（6）.

[7] 陈翔,韩响玲,王洋,张鸿雁. 课程教学质量评价体系重构与"金课"建设[J]. 中国大学教学,2019（5）.

[8] 成伟. 从背离到融合:大学生创业教育与专业教育关系的创新[J]. 教育发展研究,2018,38（11）.

[9] 戴栗军,颜建勇,洪晓畅. 知识生产视域下高校专业教育与创业教育融合路径研究[J]. 高等工程教育研究,2018（3）.

[10] 丁伟. 课程思政视角下的创新创业教育课程建设[J]. 东华大学学报（社会科学版）,2018（4）.

[11] 董婷. 高校创新创业教育可持续发展的思考[J]. 江苏高教,2020（10）.

[12] 杜辉,朱晓妹. 创新创业教育与专业教育的深度融合——基于北京地区高校的数据分析[J]. 中国高校科技,2017（5）.

[13] 段绪来. 地方高校体育专业创新创业教育与专业教育融合的现实困境与实践取向[J]. 武术研究,2023,8（9）.

[14] 范亚丽,刘晓娟. 基于TRIZ理论分析高校创新创业教育模式的改革途径[J]. 长春大学学报,2020,30（10）.

[15] 冯超. 新时代高校创新创业教育与思政教育的融合研究[J]. 食品研究与开发,2022,43（17）.

[16] 傅田,赵柏森,许媚. "三螺旋"理论下创新创业教育与专业教育融合的机理、模式及路径[J]. 教育与职业,2021（4）.

[17] 高伟. 我国高校创业教育问题思辨[J]. 教育探索,2014（9）.

[18] 贡洁静. 大德育视域下我国高校创新创业教育的研究[D]. 北京：中国石油大学,2017.

[19] 顾晓英. 教师是做好高校课程思政教学改革的关键[J]. 中国高等教育，2020（6）.

[20] 关鑫. 以矛盾视角探析高校创新创业教育与专业教学的融合[J]. 教育理论与实践，2019，39（24）.

[21] 郭萌，王怡. 地方应用型高校创新创业教育课程体系优化研究[J]. 未来与发展，2022，46（7）.

[22] 郭涛. 应用型本科高校创新创业教育模式的探索[J]. 学校党建与思想教育，2017（11）.

[23] 韩建中. 传媒类本科院校创新创业教育与专业教育融合研究——以山西传媒学院为例[J]. 教育理论与实践，2018，38（24）.

[24] 胡玲，杨博. 高校创新创业教育生态体系构建研究——以北京地区13所创新创业典型经验高校为例[J]. 高等理科教育，2020（5）.

[25] 胡玲，杨博. 高校创新创业教育效果的影响因素研究——基于2016—2018年我国150所创新创业典型经验高校的数据[J]. 华东师范大学学报（教育科学版），2020，38（12）.

[26] 黄华，颜正英. 以创造力教育为核心的高校创新创业教育研究[J]. 教育与职业，2016（9）.

[27] 黄丽红，王刚，丁义浩. 论"双创"教育融合发展的路向——以东北大学为例[J]. 中国高校科技，2018（6）.

[28] 黄兆信，王志强. 论高校创业教育与专业教育的融合[J]. 教育研究，2013，34（12）.

[29] 姬芳芳，吴海燕，何文娟. 我国高校创新创业教育体系改革思路探索——基于广州大学城典型创业案例分析[J]. 阿坝师范学院学报，2019，36（1）.

[30] 金伟琼，陈永霖，吴蕾蕾. 高校创新创业教育与思想政治教育的融合[J]. 中国青年社会科学，2018，37（6）.

[31] 荆鹏飞，何丽娜，宋瑞波，等. 地方应用型本科高校专业课程与创新创业教育融合探索[J]. 中国高等教育，2021（24）.

[32] 雷雪芹，魏东. 课程思政视域下高校创新创业教育路径探究[J]. 淮阴师范学院学报（自然科学版），2019（3）.

[33] 李爱民，夏鑫. 高校创新创业教育与专业教育优化融合模式探析[J]. 中国成人教育，2017（1）.

[34] 李慧娜，平源. 项目驱动下的大学生创新创业教育模式设计[J]. 吉首大学学报（社会科学版），2018，39（S1）.

[35] 李丽萍. 高校创新创业人才培养教育平台的构建研究[J]. 中国成人教育，2016（14）.

[36] 李良，陆朝阳，禹甸，等. 融合专业教育的创新创业体系构建研究——以南京大学环保产业"三级助推"模式为例[J]. 中国高校科技，2016（7）.

[37] 李亚员，牛亚飞，李畅. 我国高校创新创业教育生态系统建设研究的成效与展望[J]. 高校教育管理，2021，15（4）.

[38] 廖琪丽，孟秀霞. 高校创新创业教育模式的实践探索[J]. 学校党建与思想教育，2017（4）.

[39] 刘帆. 高校创新创业教育现况调查及分析——基于全国 938 所高校样本[J]. 中国青年社会科学，2019，38（4）.

[40] 刘芳芳，王艳超. 新形势下高校"六位一体"创新创业教育模式的构建[J]. 黑龙江畜牧兽医，2018（23）.

[41] 刘飞燕. 湖北省高校大学生创新创业教育体系构建的探索——基于 2016—2019 年湖北省 11 所高校的创新创业典型经验[J]. 焦作大学学报，2022，36（1）.

[42] 刘桂香，马长世. 创新创业教育与专业教育融合机制探索[J]. 教育与职业，2017（20）.

[43] 刘鹤，石瑛，金祥雷. 课程思政建设的理性内涵与实施路径[J]. 中国大学教学，2019（3）.

[44] 刘文杰. 高校"专创融合"何以可能——基于二者本质特点与关系的分析[J]. 复旦教育论坛，2022，20（4）.

[45] 刘艳，闫国栋，孟威，等. 创新创业教育与专业教育的深度融合[J]. 中国大学教学，2014（11）.

[46] 刘玉，朱姝. 新商科类专业群"专创融合"人才培养路径研究[J]. 教育学术月刊，2023（7）.

[47] 刘振中. 高校创新创业教育与专业教育的深度融合——基于 L 学院旅游管理专业的思考[J]. 教育理论与实践，2018，38（33）.

[48] 刘中亮，周统建. 高校创新创业教育生态场域构建探析[J]. 江苏高教，2022（10）.

[49] 龙光倡，邱清夏，张惠，等. 省属高校大学生创新创业教育中的典型问题与对策[J]. 大众科技，2017，19（7）.

[50] 卢黎歌，吴凯丽. 课程思政中思想政治教育资源挖掘的三重逻辑[J]. 思想教育研究，2020（5）.

[51] 卢淑静.创新创业教育嵌入专业教育的原则与机制[J].求索,2015(2).

[52] 卢卓,吴春尚.专创融合改革的理论逻辑、现实困境及突围路径[J].教育与职业,2020（19）.

[53] 罗兰.高校创新创业教育评价体系构建策略研究[D].长春：东北师范大学,2018.

[54] 罗月领,汪宜丹.基于创新的高校创业教育模式研究[J].现代管理科学,2010（7）.

[55] 马凤岐.建设"金课"是提高通识教育质量的关键[J].高校教育管理,2019（4）.

[56] 马俊平,高校思想政治教育和创新创业教育协同育人研究[M].北京：中国水利水电出版社,2018.

[57] 马楠,曾玲晖,刘叶.基于协同创新的应用型本科高校创业教育模式研究[J].高等工程教育研究,2017（4）.

[58] 毛杰.高校转型发展背景下加强创新创业教育的路径分析[J].河南社会科学,2016,24（9）.

[59] 孟祥强.山东省省属普通本科高校创新创业教育现状调查研究[D].曲阜：曲阜师范大学,2017.

[60] 浦艳秋.地方高校创新创业教育模式初探[J].继续教育研究,2017(9).

[61] 钱骏.高校创新创业教育与专业教育的互动融合模式研究[J].教育探索,2016（11）.

[62] 秦静怡,李华,陈秀,等.新工科与创新创业教育融合的模型研究——基于扎根理论的80所高校样本分析[J].中国高校科技,2022（8）.

[63] 屈振辉,李秋艳.地方高校产学研用一体化与创新创业教育改革[J].中国高校科技,2018（11）.

[64] 任少伟,陈冉.我国高校创新创业教育典型经验及发展策略——基于150所"全国创新创业典型经验高校"案例文本研究[J].合肥工业大学学报（社会科学版）,2020,34（4）.

[65] 商慧.高校创新创业教育模式研究[D].南京：南京理工大学,2017.

[66] 盛晓娟,李立威."专创、产教"双融合视角下的实践创新人才培养模式研究与实践[J].实验技术与管理,2019,36（9）.

[67] 宋明顺,孙卫红,赵春鱼等.地方工科高校创新创业教育：困境与突破[J].中国大学教学,2017（12）.

[68] 宋之帅.工科高校创新创业教育模式研究[D].合肥：合肥工业大学,2014.

[69] 孙桂生，刘立国. 植根专业：创新创业教育的必由路径[J]. 中国高校科技，2017（8）.

[70] 覃成强，冯艳，于娜. 论高校创业创新教育与专业教育的融合[J]. 中国成人教育，2013（3）.

[71] 汤兆武. 高校创业教育转向：实施路径及策略[J]. 思想教育研究，2014（5）.

[72] 王洪才. 创新创业教育：中国特色的高等教育发展理念[J]. 南京师大学报（社会科学版），2021（6）.

[73] 王琥. 高校创新创业教育课程思政教学改革研究[J]. 文教资料，2021（6）.

[74] 王琥. 基于 CDIO 理念的高校创新创业教育模式研究[J]. 科学咨询（科技·管理），2022（8）.

[75] 王琥. 课程思政视域下"汉语通识教程"金课建设研究[J]. 科学咨询（科技·管理），2021（8）.

[76] 王康. 高校创业教育新模式研究[J]. 江苏高教，2022（5）.

[77] 王清，柳军，唐卫. 关于高校创新创业教育与专业教育有机融合的探讨[J]. 教育探索，2016（12）.

[78] 王珊珊. 地方高校创新创业教育生态体系构建研究——基于全国创新创业典型经验高校案例的分析[J]. 职业技术教育，2021，42（17）.

[79] 王晓艳，杨福章. 论专业教育与创业教育相融合的创新教育路径[J]. 继续教育研究，2017（1）.

[80] 王秀芝，刘志强，吴祝武. 创新创业与专业教育融合的国内外研究进展[J]. 中国高校科技，2019（4）.

[81] 王占仁，吴晓庆. 创新创业教育对大学生思想政治教育的重要贡献论析[J]. 思想教育研究，2016（8）.

[82] 吴琼. 思想政治教育激励融入高校创新创业教育研究[D]. 长沙：湖南农业大学，2020.

[83] 吴岩. 建设中国"金课"[J]. 中国大学教学，2018（12）.

[84] 吴烨. 创新创业教育融入高校人才培养体系的策略[J]. 中国高校科技，2018（6）.

[85] 武毅英，杨冬. 近 20 年中国高校创新创业教育研究的知识图谱[J]. 现代大学教育，2019（4）.

[86] 夏雪花. 新时代高校创新创业教育与思想政治教育融合的途径探析[J]. 思想理论教育导刊，2021（8）.

[87] 相雷. 关于推进高校创新创业教育的思考[J]. 思想理论教育，2014（8）.

[88] 向春霞. 一流大学建设高校创新创业教育模式探析[D]. 武汉：华中科技大学，2019.

[89] 杨国斌，龙明忠. 课程思政的价值与建设方向[J]. 中国高等教育，2019（23）.

[90] 杨绚，李莉. 促进专业教育与创新创业教育融合的"四步案例教学法"研究[J]. 中国现代教育装备，2023（17）.

[91] 杨月涵. 学生视角下高校创新创业教育评价指标体系研究[D]. 天津：天津理工大学，2019.

[92] 游艺，李德平. 创新创业教育融入专业教育的实践教学改革探讨[J]. 社会科学家，2018（2）.

[93] 余昶，王志军. 高校创新创业教育模式研究[J]. 学术论坛，2013，36（12）.

[94] 余达锦，杨淑玲. 创新创业教育背景下高等数学教学方法研究[J]. 江西财经大学学报，2013（4）.

[95] 曾秋菊. 应用型人才创新创业教育与专业教育融合发展研究[J]. 中国成人教育，2016（18）.

[96] 张绍丽，郑晓齐. 专业教育、创新教育与创业教育的分立与融合——基于"三螺旋"理论视角[J]. 黑龙江高教研究，2017（6）.

[97] 张育广，刁衍斌. 高校体验式创新创业教育模式的探索[J]. 中国高等教育，2017（6）.

[98] 赵峰. 高校创新创业教育发展研究——基于"驱动力—压力—状态—影响—响应"理论视角[J]. 国家教育行政学院学报，2018（6）.

[99] 赵国靖，龙泽海，黄兆信. 专创融合对高校创新创业教育绩效的影响研究——基于12596份教师样本的实证分析[J]. 浙江社会科学，2022（7）.

[100] 钟江顺. 我国高校创新创业教育现状及其创新模式论析[J]. 继续教育研究，2016（8）.

[101] 周步昆，耿颖. 创新创业与专业教育有机融合的应用型人才培养模式改革与实践[J]. 实验室研究与探索，2020，39（10）.

[102] 周晓辉，尹辉俊，范超. 地方应用型高校创新创业教育典型问题分析[J]. 科技创业月刊，2023，36（6）.

[103] 朱丽. "课程思政"融入创新创业教育的价值耦合与路径探索[J]. 吉林工程技术师范学院学报，2020（5）.

[104] 朱晓东，顾榕蓉，吴立保. 基于CDIO理念的创新创业教育与专业教育融合发展研究[J]. 江苏高教，2018（2）.

[105] 王琥. 新文科视域下高校中文专业创新创业教育模式的实践与研究[M]. 成都：西南交通大学出版社，2023.

[106] 石鹏建. 2017年度全国创新创业50所典型经验高校经验汇编[M]. 北京：北京航空航天大学出版社，2018.

[107] 全国高等学校学生信息咨询与就业指导中心组编，石鹏建主编. 2018年度全国创新创业50所典型经验高校经验汇编[M]. 北京：北京航空航天大学出版社，2018.

[108] 石鹏建主编，全国高等学校学生信息咨询与就业指导中心组编. 2019年度全国创新创业50所典型经验高校经验汇编[M]. 北京：北京航空航天大学出版社，2019.

[109] 周文德. "沱"与"坨"地名的文化差异[J]. 中国地名，2012（4）.

[110] 吴惠. 高校创新创业教育与专业教育融合共生的路径研究[D]. 常州大学，2021.

[111] 王琥. 大学生创新创业教育模式的探索与实践——以四川外国语大学中国语言文学类专业为例[J]. 文教资料，2017（1）.

[112] 雷朝滋. 2016年度全国创新创业50所典型经验高校经验汇编[M]. 北京：北京航空航天大学出版社，2017.

[113] 王琥. 三融合理念下高校创新创业竞赛教育模式的探索与实践[J]. 西部素质教育，2022（9）.

[114] 刘荣. 当代中国美术院校的创新创业教育模式探索[D]. 西安美术学院，2017.

[115] 胡燕琴. 高校创新创业教育与专业教育融合研究[D]. 深圳大学，2020.

[116] 胡斌彬. 中华优秀文化传承与创新人才培养模式改革探索——以华侨大学汉语言文学专业实践教育为例[J]. 大学教育，2021（7）.

[117] 徐雪梅. 高等师范院校研究生教育中的创新意识培养——内蒙古师范大学中文专业研究生培养模式调查[J]. 内蒙古师范大学学报（教育科学版），2018（8）.

[118] 王琥. 以学科竞赛为载体提升汉语国际教育专业学生创新实践能力的探索与实践[J]. 文教资料，2017（5）.

后 记

岁月悠悠，进入高校工作已是第十四年了，时间不长也不短。这些年，从创新创业教育到专创融合教育，我和我的学生们始终在一起；这些年，无悔的时光见证了我和学生们的"双创"情感故事；这些年，一个又一个对于文科专业来说殊为不易的"双创"获奖荣誉证书，见证了师生团队的青春、奋斗和坚忍，见证了师生间的情分、温暖和感动。一直想把与我的学生在一起奋斗的十四载"双创"岁月仔细记录下来，当作这段时光最美好的留念；一直想对"双创"教育，特别是有关专创融合教育的思考进行梳理、总结，探寻其中的一般规律，但因为日常工作太过繁忙，尤其是几乎所有教学科研以外的时间都花在不断推陈出新发展的"双创"教育和"双创"竞赛中，写作书稿的计划一再推迟。所以，当《高校专创融合教育理论与实践研究》书稿付梓之际，心中感慨万千。

《高校专创融合教育理论与实践研究》一书，旨在探寻高校开展专创融合教育的典型示范经验，探索专创融合教育育人的一般规律，为高校创新创业教育工作者提供一定的借鉴和参考，推进专创融合教育，助力更多学子成长成才。创新创业教育是高校推进教育教学改革的突破口，也是实践育人的重要载体。也许，并非每个学生都必须开展创新创业，但是他们走向社会后，都需要开创事业的勇气、毅力和智慧，而这些恰恰是创新创业教育所要培养的综合素质。十四年来，我从零开始，对"双创"工作从陌生到了解、从熟悉到热爱……在坚持和努力中见证了一届又一届学子在"双创"中砥砺成长，并结出了丰硕的果实：这些年指导学生累计获得国家级、省级奖励数百项。我想，这些奖项所呈现出来的，更多的是我对"老师"这两个字的敬重。因为每一项荣誉的背后，都有我和学生朝夕相处、相濡以沫、全力拼搏的感情和故事，都是我对教师这个岗位的坚守与信念。

十四载来，从最初的普及型"双创"启蒙教育到现在的专创融合教育，我能够全身心地投入工作，在很大程度上归功于我的母亲赵学萍老师的无私奉献和全力支持。在这十四年里，她一直无怨无悔地辛勤付出和全力担当，为我创造了一个宽松的工作和学习环境，让我可以心无旁骛地投入自己的教学、科研和其他工作。我带学生到外地参加比赛，为了学院学科评估、一流专业申报、一流课程建设通宵达旦加班的日子里，她总是给我温暖和力量，帮忙处理家里一切大小琐事，不让我分心。有时我加班到凌晨三四点回家，也能看到母亲给我留的一盏灯。那是一盏温馨的灯，照亮了我疲惫的身心。很多时候，母亲还成了我最得力的"工作助理"：认真帮我整理教学科研的各种资料，仔细帮我分类学生比赛的相关材料，热心帮我准备给参加"双创"竞赛学生带过去的早餐……尤其是每当那些带学生参加"双创"比赛、教学、科研等工作在同一时间叠加起来忙得焦头烂额时，母亲总是给予我宽慰和鼓励，让我直面困难，砥砺前行。可以说，是母亲的善良温润了我的性格，坚定了我的教师职业理想；是母亲的大爱与责任，使我在前行路上有了永恒的动力。

书稿的完成，离不开我亲爱的爷爷、奶奶、外公、外婆一直以来对我的鼓励和鞭策，也离不开我亲爱的二姨和三姨这么多年的关怀和帮助。在此表示最诚挚的感谢和问候。

在此，我还要感谢那些我最尊敬的恩师们。"这世上还会不会有一种不一样的人，他以他的生命质量，重新撑起'导师'这两个字的隆重分量，他以他自己的生命光亮，重新点亮'导师'这两个字的生命光华？如果有，他是谁，他是何等模样……"偶然在一次演讲中听到这句话，备受感动。感恩在自己的求学生涯中，有幸遇到了很多用生命点亮自己人生的最美导师，感谢十多年来在"双创"教育中给予我无私帮助的恩师们。

此外，还要特别感谢我的研究生李琛、李佳乐和丁媛帮忙整理了部分资料，感谢歌乐书院"双创"菁英班优秀学生羊胜志、罗彤、郎棕胜、丁浩然、韩煦等协助搜集汇总书院班相关资料，特别是李琛同学参与了较多的"创新创业导论""地名与文化""新文科创新创业菁英书院班"等课程建设和课程资料的整理工作。他们一丝不苟地完成所有我交代的工作，并取得了不错的成绩，真心感谢他们的辛勤付出。

未来的日子里，我会以专业教育与创新创业教育的深度有机融合为研究方向，探索未来专创融合教育的新内涵、新特点和新目标，尝试建立新的"知识—情感—志向"专创融合教育模式，在知识传授、情感培养和志向激发上做到有机统一和相互促进。培养学生结合所学专业开创事业、开创志业的素质和能力，助力培育党和国家需要的创新型人才。

王　晓
2023 年于重庆桃李春晖园